让我们在"生生互学共进、师生教学相长、家校协同共育"的和谐氛围里，共同努力"成为更好的自己"。

——李 岩

李　岩　龙骋华 〉〉〉著

人文建班 艺慧育人

——新时代建班育人八大任务

上海教育出版社
SHANGHAI EDUCATIONAL
PUBLISHING HOUSE

图书在版编目（CIP）数据

人文建班　艺慧育人：新时代建班育人八大任务 /
李岩等著. — 上海：上海教育出版社，2024.3
ISBN 978-7-5720-2637-9

Ⅰ.①人… Ⅱ.①李… Ⅲ.①中学 – 班主任工作 Ⅳ.
①G635.16

中国国家版本馆CIP数据核字(2024)第078410号

责任编辑　徐建飞
封面设计　金一哲
特约编辑　卓月琴

人文建班　艺慧育人
——新时代建班育人八大任务
李　岩　龙骋华　著

出版发行　上海教育出版社有限公司
官　　网　www.seph.com.cn
地　　址　上海市闵行区号景路159弄C座
邮　　编　201101
印　　刷　上海颛辉印刷厂有限公司
开　　本　700×1000　1/16　印张 14　插页 2
字　　数　221 千字
版　　次　2024年5月第1版
印　　次　2024年5月第1次印刷
书　　号　ISBN 978-7-5720-2637-9/G·2328
定　　价　88.00 元

如发现质量问题，读者可向本社调换　电话：021-64373213

一曲建班育人的交响乐

（代序）

春暖花开，草长莺飞，又到了人间最美的四月天。值此美好的季节，上海市特级教师李岩又出新书啦！与她上一本专著《互联网＋时代背景下的班集体建设——班主任工作 16 个怎么办？》仅仅相隔两年，《人文建班　艺慧育人——新时代建班育人八大任务》一书又要付之梨枣，即将与广大读者见面。这犹如为龙年春天增添了一抹绚烂的春色，为广大班主任献上一曲建班育人的交响乐。

本书聚焦立德树人的教育根本任务，秉持"人文建班，艺慧育人"的教育理念，遵循班主任工作规律，回应新时代对教育的要求，以一位优秀班主任深厚的学术修养和丰富的实践经验，围绕"形成适性发展的教育目标、充满人文关怀的班级管理、指向精神滋养的文化建设、营造相善其群的人际关系、组织系统化主题教育活动、凝聚三位一体的育人合力、赋能健康成长的个别化教育、激发生命自觉的发展性评价"等八个方面，选择了来自一线班主任的 30 多个常见问题，在理论概述的基础上，运用【现象扫描】【归因分析】【实践探索】的体例，给出理论与实践相结合的解惑之道，提供了可借鉴和可操作的克难之招。全书始终瞄准未来教育发展的前沿走势，牢牢扣住一线班主任的瓶颈问题，紧密贴近学生健康成长的发展需求，坚持班主任专业化发展目标，聚焦班主任建班育人的操作系统——班集体建设这个难点、热点、重点、堵点，一切从问题出发，以需求为引领，上接天线，下接地气，中接理论，体现了李岩老师敏锐的前瞻性思维和与时俱进的大视野、大格局、大手笔。从总体上看，本书在整体设计上具有较高的立意，在内容选择上具有鲜明的导向，在形式呈现上具有新颖的创意,在材料提供上具有真实的情景,在体例安排上具有自主性体验。我们有理由相信,本书具有成果性应用的转换意义和可操作的迁移辐射价值,对提高班主任建班育人的综合站位和专业品质具有发展性指导作用,是一本值得点赞和推荐的好书。

更为重要的是,我们还能从书中感悟到一位优秀班主任的精神品质和成长路径。李岩老师是上海市同济二附中的一位优秀班主任,上海市德育特级教师。几十年来,她不为功利所诱,不为浮夸所累,扎根班级、守望学生,默默坚守在学校教育的第一线,真可谓心静如止水,矢志坚如磐;而且在坚守的同时,坚持与时俱进,竭力于班主任工作的改革与创新,取得了令人瞩目的成绩。我们可以从李岩老师身上找到名班主任"名在哪里"的答案。

1. 名在具有哲学思考的高站位

能对事进行精彩描述,对器进行精到运用,对术进行精辟分析,对道进行精准提炼,对班主任专业岗位的本体知识掌握全面,感悟透彻,落实有效。

2. 名在具有优质风貌的独特性

在工作中呈现出个人独特的教育风格和特色。体现在知情意行、真善美爱、德才艺慧和精气神韵等绩效上。

3. 名在具有可操作性的辐射力和影响力

提供的教育案例和鲜活经验可复制、可实施,能成为可以攻玉的"他山之石"。

4. 名在具有理性思维的研究力和学术性

能坚持问题意识和依据意识,有很强的从"问题—专题—课题"的改革创新锐意和科研攻坚的能力。

5. 名在具有奉献精神的使命感

名班主任的经验固然重要,但具有决定作用的更是甘于奉献的不负初心和使命担当。总之,她用对班主任工作的执着追求、初心不渝和对学生的深情关怀、呵护备至,统一在"班主任情结"中。

最后,我用"一位老班主任的新学期寄语"为本序作结:新学期要凸显人文建班,艺慧育人;新学期要坚守学生的立场、学生的视野和学生的需求;新学期要牢记,在帮助教育学生的同时,更要尊重保护学生的尊严,让我们在建班育人的过程中共同成长、相互成就！

"春暖花开，这是我的世界，每次怒放，都是心中喷发的爱。""其实幸福，一直与我们同在。"

——是为序。

上海市中小学德育研究协会副会长　　　陈镇虎

德育特级教师

忘年交陈镇虎写于甲辰龙年春暖花开之季

目　录

第一章

形成适性发展的教育目标

教育目标的形成须从学生的全面发展、个体差异及主动参与等方面综合考虑。教育目标要关注学生的全面发展,尤其要体现对学生成长的全面关怀和精神价值引领。教育目标要遵循认知规律,尊重学生个体差异,发展其优势潜能,促进学生和谐、健康成长。教育目标要尊重学生的主体性,学生在参与目标制订和努力达成目标的过程中实现自我生命的成长。

第一节　理论概述

班级建设具有巨大的育人功能,是班主任育人的操作系统,具有不可替代性。所谓班集体建设,是指"学生在学校教育、管理和集体主义价值引领下,以促进集体中每个成员个性和谐发展为宗旨,在共同的学习生活与交往中,通过发挥学生集体与个体的主体性,形成和发展班集体的过程"。[①] 一个优秀的班级具备五个要素:共同的愿景、健全的组织机构、有效的管理规范、良好的人际关系及优良的班风和传统,最终形成一个使每一个独一无二的学生都得以滋养精神境界、提升生命质量的生态空间。班级目标是班集体建设的基础。

一、概念界定

1. 教育目标

教育目标包括班级目标和个体目标。

班级目标是指班级成员共同具有的期望和追求,是班级在各项活动中所要达到的奋斗目标,具有统一性、标准化、规范性的特点。它既反映了国家、社会对年轻人的要求,也体现了学校、班级培养人才的原则。

个体目标则反映了每个学生自身的需要和个性特征,具有强烈的个性化特点,具有差异性、多样性和独特性的特点。

班级目标和个体目标应是和谐统一、相辅相成、共生共长的。班级目标由个体创建,个体目标的达成指向班级目标的实现。班级目标中同时又包含学生合理的个体目标,使班级成为学生健康成长、开拓精神世界的生态空间。

2. 适性发展

正如世界上没有两片一模一样的叶子一样,每一个学生都有独一无二的先天特点,其生理素质、心理素质、成长背景、性格特点、兴趣特长等均不相同。《国家中长期教育改革和发展规划纲要(2010—2020)》提出要"树立多样化人才观念,尊重个人选择,鼓励个性发展,不拘一格培养人才"。所谓适性发展,是指顺应学生先天的个性特点,给其提供"适合的教育"以获得健康成长;以每位学生的

---

① 朱水强.善用多种好资源　立创良好班集体[J].华夏教师,2016(5):88 - 89.

个性特征为起点,针对其不同特点和个性差异,提供最适合的教育,发展每一位学生的优势潜能,引导其个性发展,从而促进学生全面、和谐地成长。

适性教育的目的有三个:一个是使学生全面认识自我,评估个人发展和社会发展的需求;另一个是有主动发展、向上向善的意识;还有一个是努力实现自我、超越自我,充分激发生命潜能,成就最好的自己。

班级正是这样一个能尊重、包容每一个独一无二的生命,给其提供生长空间的生态环境。在适性教育中,学生能获得适合自身兴趣、成长需要、职业规划的发展,在内驱力的激发下积极奋斗,在轻松、民主、和谐的班级环境中滋养精神境界,提高生命质量。

二、价值意义

1. 目标具有导向作用

适宜的目标体现了对人的精神价值的引领。在制订和实现个体目标的过程中,学生会自觉地对标班级目标,以其作为自己的价值导向,继而成为人格高尚的人。

2. 目标具有动力作用

根据马卡连柯理论,班集体的形成和发展不是自发的过程,而是当集体有了自我要求和目标时,才能获得自我管理、自我发展的动力。[①] 指向明确、一致认同、适宜积极的目标可以激励学生为实现目标努力奋斗,具有健康向上的精神态度。

3. 目标具有凝聚作用

班级目标具有向心力,能增强学生对班级的认同感、归属感。班级一旦有了共同的奋斗目标,就会形成强大的凝聚力,在集体的力量下树立更加坚定的信念,焕发更加蓬勃的生命力。

三、遵循原则

1. 群体性原则

班级目标的制订要尊重全体学生的主体性,由师生共同讨论制订,而非班主

---

① 金建良.目标管理与班集体建设[J].无锡教育教学学报,2000(6):43 - 45.

任的"一厢情愿"或班干部的"闭门造车"。只有当每一个人的积极性、主动性和创造性都被调动起来,群策群力参与目标的制订过程,这样的班级目标才能被师生共同认可,并具有凝聚力和导向作用。

除此以外,群体参与的过程本身具有重要意义。学生在思考、讨论的过程中,已经开始思考"对自我的要求是什么""为什么是这样的"等问题,从而不自觉地进行自我教育、自我管理,提高责任感和自我效能感,在与老师、同学的对话中实现自我生命的成长。

如此一来,形成目标的过程就是实现目标的一部分:学生个体的精神世界得以开拓,班级的管理和活动获得有序开展的良好基础。

2. 针对性原则

(1)针对时代要求。班级目标是国家教育方针和培养目标的具体化,是社会期望的综合反映。[①] 班主任应根据党的教育方针、政策及文件,准确把握时代的育人要求。[②]

(2)针对学校目标。班级目标是学校目标的分解,因此制订班级目标时不能置学校总目标于不顾。[③] 班主任要结合学校的育人理念、培养目标等拟订班级目标,使班级目标与学校目标形成同向合力。

(3)针对学生发展规律。班主任要根据学生的身心发展规律和认识能力,科学地制订目标,使学生的潜力在"最近发展区"内得到调动,获得成功的喜悦感、成就感,从而进一步激发他们努力奋斗。

(4)针对班级实际情况。在制订目标前,班主任应充分调查班级的实际情况,包括学生的家庭环境、性格特点、兴趣特长、思想情况等,从学生的优势和不足角度进行拟订,才能形成适宜现状、满足需求、有助于学生成长的目标。

3. 可行性原则

目标必须是切实可行、现实可达的,不切实际或盲目制订的目标没有激励和指引作用,无法获得学生的认同感,当然也无法让其获得努力的动力。

目标不可空泛。空洞的标准会让学生无所适从,不清楚奋斗的方向,"目标"

---

① 龚浩然,黄秀兰.班集体建设与学生个性发展[M].广州:广东教育出版社,1999.
② 叶文婷.目标管理理论视角下的特色班集体创建研究[J].班主任之友,2022(13):125-128.
③ 周生.班集体目标的导向作用及制定原则[J].连云港教育学院学报,1994(2):77-78.

仅仅成了一纸空文，不具备引导和激励作用。因此，目标需指向明确、清晰可操作。

目标不可过高。过高的目标超越学生的实际能力，当学生非常努力也难以达到目标时，就容易失去信心和动力。因此，目标应适合学生的现状。

目标不可过低。过低的目标让学生无须努力就可"成功"，没有激励作用，还容易让学生产生自负、空虚、迷茫之感。

目标不可过于长远。若只有长期目标而无短期目标，不仅让学生对"如何实现"感到糊涂，也会因长期看不到"成果"而丧失动力。班级目标应既有短期目标作为直接的推动力，也有长期目标作为努力方向，循序渐进，从而维持学生努力的积极性。

4. 整体性原则

除了短期和中期目标，班级目标还应有以整个学段为范围的"顶层设计"。班主任应整体规划学生在某个学段内的目标，并按照由易到难、由浅入深的原则将其拆解为中期、短期目标。人的精神境界的成长非一朝一夕之功，而是呈现"螺旋式上升"的面貌；若缺乏整体规划，简单堆积目标，就会显得零散、无序，学生发展与班级特色的重点都不明晰。

班级目标应在长期目标的框架内，整体规划中期、短期目标，使其具备层进性、有序性，从而构建体系化的班级目标。

第二节　班级教育目标不被认可,怎么办

——立足班级现状　创建多方协同

适宜的教育目标能起到凝聚力量、激发动力、明确方向的作用。但是,在实际工作中,教育目标常常遇到不被学生、家长等认可的问题,使得目标形同虚设。在理念更新迭代、价值观多元呈现的当代,如何确立一个获得大家认可、能有效执行的教育目标,是班主任需要思考的问题。

【现象扫描】

新学期第一周的班会课上,班主任小王老师激情澎湃地对同学们说:"这个学期我们的目标是评选上'先进班级'。因此,我们要在行为规范的评比中坚持做到最好,在期中和期末考试中都要取得年级第一的成绩。我决定成立若干个学习小组,有没有同学自荐当组长呢?"与预期中踊跃报名的场景相反,同学们纷纷低下头,教室里一片静默……

见此,小王老师宣布学校将开展一年一度歌唱比赛的消息,她摩拳擦掌地向全班动员道:"同学们,这次比赛,老师希望你们能展现出极强的凝聚力和执行力,向全校证明你们是最优秀的。我们的目标是——特等奖! 你们有没有信心?"出乎意料地,教室里没有响起附和声。到排练时,同学们并没有表现出小王老师期待中的团结与认真,家长也对放学后要留下来排练而颇有意见。"特等奖"似乎只是班主任和少数班委的目标,绝大部分同学都无动于衷。"这个班级真是太不团结、太不上进了! 家长也不愿意配合我!"小王老师气愤地回到办公室。

在日常工作中,班级教育目标有以下四种不被认可的情况:

其一,教师制订的班级教育目标不被学生认可。班主任"雄心万丈",可学生不以为然,他们不会将老师制订的班级目标视为自己的奋斗目标,使得班主任和少数班委"单打独斗"。

其二,学生民主讨论的班级教育目标不被教师认可。教师认为学生制订的目标过低,学生的自我评价及判断低于教师的预期;小部分情况是教师认为学生制订的目标过高或过于空泛,但又不知如何指导学生调整,致使"目标"成为空谈。

其三,学生民主讨论班级教育目标的过程中无法达成共识,学生之间彼此不认可。笔者曾经遇到这样的情况:以小A为代表的部分同学与以小B为代表的部分同学产生了截然不同的意见,小A认为应"少数服从多数",小B等人则坚持"自己有发声的权利",然最后虽采取了小A的意见,但在执行目标的过程中小B等人从不参与。

其四,班级教育目标不被家长认可。家长对学生的培养有个人化的理解,有的主张"佛系",希望教育目标简单一些;有的追求分数,希望教育目标仅和学习有关……如果在制订目标的过程中,教师没有向家长详细说明自己的意图以及学生的意见,并充分听取家长的意见,那么,就有可能出现家长对班级教育目标不支持、不认可。

【归因分析】

一、班级目标的愿景与学生特点不适切

教师在思考班级目标时,教师只从自己角度出发,思考"想培养什么样的人",而没有结合本班学生的发展特征、思想情况、实际需求等,使班级集体目标与学生个人目标契合度不够,学生自然不会对教师设定的班级目标产生认同。

首先,学生的兴趣是推动其学习的重要动力。然而,在教学过程中,教师可能由于学生人数众多、年龄、代沟等原因,疏忽了深入了解每位学生的兴趣点。尤其在"互联网+"时代,学生喜爱的新鲜事物层出不穷,他们在课余时间通过自主学习和尝试,掌握了许多传统教学中没有涉及的技能,如无人机飞行、影视剪辑制作、编程等,甚至已经成为小有名气的"up主"。如果班级教育目标没有关注到这些学生的学习起点和兴趣点,缺乏针对性,就无法满足多样化的兴趣需求。

其次,学生的成长需求各不相同。班级教育目标如果仅仅侧重于学业或行为规范,而忽视了社会情感能力发展、创造力培养、身心素质等方面,就可能与学生的全面发展需求不符。比如,一些学生可能在艺术、体育或社会交往方面展现出特别的才能,如果班级教育目标仅关注传统学科,这些潜能可能得不到培养。

二、目标形成的过程未体现学生主体性

班级目标是成员共同具有的期望和追求活动所要达到的行为结果。这里的"成员"不仅包括班主任,更包括学生群体;有了他们,才能使班级目标成为团结的基础及集体形成和发展的动力。

在班级目标的设定过程中,教师如果只是"闭门造车""一言九鼎",缺乏让学生通过讨论而提出自己意见的环节,这样的目标形成过程体现了教师过度的"强势"。如此"自上而下"的要求没有尊重学生的主体性,他们不仅不会将其当作自己的奋斗目标,还容易引起青春期孩子的逆反心理。

有的老师害怕组织讨论,担心自己的教育目标受到学生当场质疑,处理不当而损伤教师尊严。可是,即使学生没有当面表达意见,也不代表他们内心会认可。由于缺少师生之间沟通的渠道,导致教师的愿景和意图没有充分传递给学生,使学生愈发不理解、不接受教师的做法。他们可能用"不沟通、不行动"的方式表示无声的"反对",或通过网络等渠道发泄内心的不满。总之在行动上,他们也就不可能真正践行教师所提出的班级教育目标。

其实,师生共同建立教育目标的过程就是教育本身的意义。教师不妨耐心地说明自己的愿景和意图,倾听同学们的意见,在学生间、师生间思维碰撞的过程中,双方都审视、优化、调整自己的教育目标和学习目标。

三、目标形成的过程未调动家长的协同力

对学生的成长而言,家庭和学校都具有极其重要的作用。因此,班级教育目标的设定必须取得家长的理解、支持和认可,才能形成家校教育合力,使教育目标落地。

家长的教育经验固然没有教师这般专业,他们所理解的育人目标可能不够全面。如果班级教育目标的范围超出他们的预期,而家长又不理解教育意图、不知晓家庭教育的责任,就无法充分配合学校和教师,为学生的成长提供足够的条件与支持。

与此同时,家校沟通的过程可以让教师更充分地了解学生特点及其需求,弥补原本考虑不周全的地方,使教育目标更具有针对性和有效性。唯有家校形成一致的教育目标,所采用的教育方法才能起到良好的效果。

【实践探索】

一、了解班情是制订教育目标的前提

班情分析是为了更好地了解学生的共性发展和个性发展水平，了解班级整体情况，为拟订具有针对性、可操作性的教育计划而做准备。做好了班情分析，教师可以防患于未然，使师生、生生关系更加和谐，使班主任、任课教师、学生之间更加相互尊重、真诚互助，让班级成为师生共同成长的精神家园。

班情分析可以通过以下六个方面对班级进行全面、科学地分析：

1. 班级总体情况。这包括：班级人数（男女生人数、独生子女人数、少先队员人数、共青团员人数），家长信息（学生家庭地址、籍贯、职业、工作单位、休息时间、联系方式），家庭环境及经济主要来源（低保、助学、租房等），家庭类型（核心家庭、三代同堂、寄居他处、缺损性等），学生学习情况（成绩、课堂表现、周边学习氛围、所用时间等），学生活动情况（兴趣爱好、劳动观念、集体荣誉感、所用时间等），学生健康情况（慢性病患者等特殊体质学生、高中结合心理档案），中途接班的班主任还需要了解该班已有的师生关系。教师可以设计问卷、图表，对班级总体情况进行归类整理、记录分析。这是班级情况分析的基础。

2. 学生个人情况。这包括：品德行为（文明礼仪、进取心、感恩心、责任感），生活习惯（饮食习惯、作息时间、劳动态度、自理能力），学业动力（自信心、学习动机、学习压力、班级认同、兴趣爱好），学业负担（睡眠时间、作业时间、补课时间），身心健康（个性气质、体质、有否值得注意的情况），进步状况（学习动机、师生关系、学业负担）等。这些内容可以用家访、电话沟通等方式，有选择性地进行记录分析。

3. 科任老师情况。这包括老师的工作经历、任教经历、班主任经历、行政职务、教师教学方式等。

4. 家庭教育情况。这包括：家长的受教育程度，家庭文化氛围（家长读书习惯、家庭活动形式、子女在家中的地位等），家庭教育方式（家长教育理念、常用教育举措等），家长是孩子的第一任老师，所以对家长情况的了解更有助于班主任对学生的了解和认识，从而做出更为理性、客观的决策。

5. 社会资源可利用情况。对这部分内容的分析有助于在班级建设过程中借助家长、社会资源，为学生提供更全面的支持。这包括：家长能为学生提供生涯指导的内容（职业、特长、经历等）、家长能为学生提供的资源、家长的热心程度等。

6. 班级成长档案。班情分析不仅用于接班之初或新学期伊始，学生的成长经历及变化也是班情分析重要的组成部分，它有助于教师及时调整教育目标。这部分内容包括：学生参加的实践活动和表现、班级关键事件、个别辅导记录等。

二、针对班情是制订教育目标的核心

班级状况是班级教育目标的基础，只有根据班级状况出发，才能使班级教育目标的形成具有科学性、适切性。班级教育目标是针对班情所制订的、适切于该班级目前状况的美好愿景，基于班情而高于班情，是根据学生现状分析后得出的他们能达到、应达到的更理想的状态。

例如，某初中班主任分析班情后发现：该班同学阳光开朗、有个性，但普遍以自我为中心，对他人和班级关注较少。基于"共生"的育人理念，该班主任提出的班级育人目标为：创设和谐共生的班级氛围，引导学生积蓄共生的力量，萌发共生的智慧，绽放共生的价值，促进个人和班级的和谐共生，健康发展。从这个案例中我们可以发现，正是基于学生"以自我为中心"的状况，班主任才提出了以"和谐共生"为关键词的育人目标。这一育人目标的实现有助于学生发挥优势、积蓄成长的能量，同时能改善现有的不足，真正实现成长的意义。

三、多方协同是制订教育目标的必经过程

学校和家长作为两大育人主体，应将家校关系定位在平等交流、相互尊重上。一方面，受教育程度不同的家长在教育孩子方面有不同的认识，因此在与家长的交流过程中班主任要注意解释和说明的方法与技巧，从而保持家校双方始终站在同一"战线"上，维系长期和谐稳固的家校关系。另一方面，班主任也要努力提高育人的专业性，放平心态，倾听家长的想法，尊重家长的选择，尽量避免以"通知"等强硬口吻与家长进行沟通。

与此同时，师生要遵循平等、民主协商的精神，共同参与班级目标设定的过

程,不能凭教师个人意志独断专行。在班级教育目标产生的过程中,凡是可能影响学生实际利益的、可能给学生带来压力的内容都需要班主任向学生讲清利弊和缘由,以取得学生的理解和认可,认同其必要性、合理性,认同遵循的价值。表决前,要组织学生对目标本身进行深入讨论,倾听学生的不同意见。

需要注意的是,在协商过程中班主任应进行必要的引导,不能完全放任不管。教育的本质不在于传授,而在于激励、唤醒和鼓励。因此,适宜的教育目标是让学生"走出舒适圈",要帮助他们纠正不良习惯和学会做人做事。班级目标的要求不可低于学校要求,要将妨碍他人、影响安全、不健康、不文明作为教育的底线。

第三节　班级教育目标达成度不高,怎么办
——贴近学生实际　加强动态调整

班级教育目标理应起到指导班级成员共同向一致的方向奋斗的作用,但我们发现,很多时候教育目标并没有很好地达成,或只是停留在书面表达上,或虽有心却难以达成。班主任需重新审视教育目标的意义与制订策略,充分发挥教育目标的导向、动力与凝聚作用。

【现象扫描】

小王老师在新学期初制订了班主任工作计划,其中关于“班级目标”是这样写的:“强调适切性教育理念,发扬学生所长,找到自己的人生价值与目标,推动其不断为之努力。培养全方面发展符合新时代需求的学生,具备学习能力而非学习知识本身。”

学期结束时,小王老师想做一份工作总结,但是对“班级目标是否达成”无法作出判断:好像达成了一些目标,又好像没有达成,至于做到多少更是难以评估。

在实际工作中,我们常常有这样的困惑:似乎并没有紧紧围绕学期初制订的班级教育目标来践行教育行为,通常有三类现象:

其一,年年相似。每学期的班级教育目标都差不多,均从行为规范、学业发展、特色班级创建、班干部培养等方面提出相似的要求,原因是上一学期还没有很好地达成。

其二,一纸空文。制订的班级教育目标仅仅存在于书面文件上,没有想过将其落到实处。

其三,无力达成。班主任虽然有心去实践这些教育目标,但由于时间安排、效果不佳等原因,教育目标最终成为未能实现的“遗憾”。

【归因分析】

一、对班级教育目标的意义缺少认识

一部分班主任仅仅将制订班级教育目标当作任务来完成,原因是不理解其在建班育人过程中的意义,这样草率制订的目标自然是形同虚设,制订后不会对

标执行。事实上，没有努力的方向，就没有前进的动力，会影响优良班集体的形成。班级教育目标是认识和行动的纲领，是班主任工作的出发点，是开展活动的航向，也提供了评价的标尺和归宿。

二、班级教育目标的形成过程不科学

有的班主任未能立足班级实际采取合理的形成方式。班级教育目标或过高，超出了学生的能力范围；或过于空泛，让人无从入手。

有的班主任未能依据班级的阶段变化灵活调整目标。目标制订的依据是基于班级的学情、教育的要求及学生的身心发展规律。当学生情况发生变化、班级问题发生变化后，应对目标进行及时调整。同时，应对目标的达成情况进行反思，并作相应调整。

三、对班级教育目标的实现缺少方法

有的班主任在制订目标后不知道怎么去达成，不会分解目标、制订执行的计划。比如，某位高一班主任制订了"养成良好的行为规范"的班级目标，这个目标没有具体分析学生目前在哪些行为规范方面存在不足、原因为何、优势与突破点在哪里，也没有罗列本班学生计划在高一年级养成哪些行为规范？打算从何入手？每个月突破哪些？……"养成良好的行为规范"只是一个较为笼统的目标，不够具体和有针对性，难以对标执行。

【实践探索】

一、班级教育目标应具备可行性

班级教育目标具有指导工作和推动实施的作用，因此应减少盲目性和随意性。目标应落实到行动中，还需要具体实施，不能脱离实际，成为纸上空谈。目标要尊重学生身心发展规律和实际情况，忌盲目而为；要贴近学生真实的成长需要，忌脱离需求。

目标不应过高。比如，学习基础薄弱的班级不宜以"在重要考试中名列前茅"作为短期目标，难度过大会让师生无从入手、失去信心，不妨从调整学习态

度、寻找优势学科出发,帮助学生找到"最近发展区"。

目标不应过低。比如,能在班干部带领下进行自主管理的班级不宜继续以"养成行为规范"作为目标,班级已井然有序,行规方面只需维持、关注即可,它是"现状"而非"目标"。

目标不宜空泛。可以从不同层面剖析目标的不同内涵,多维度分解目标。例如,某初中班级以"和谐共生"为班级总目标,将其拆解为三方面的分目标:营造共生育人环境(环境文化、制度文化、成长目标等);涵养学子共生品格(生生、师生、家班);绽放共生育人价值(形成共生管理体系、弘扬合作共生精神)。这位老师将"共生"这一较为庞大的主题拆解为三方面、多层次、多角度的小目标,使之具有可操作性。

二、班级教育目标应呈现序列化

完整的班级教育目标包括长期目标、中期目标和短期目标,彼此之间形成层层深入的逻辑关系。由小到大、由浅入深、螺旋式前进,才能使班级教育目标最终落地。

短期目标是每阶段的教育所要达到的目的,如搞好班级纪律、班级卫生等;应体现在每次精心设计的教育活动中,具有具体性和可操作性。中期目标是一学年或一学期的目标;一般包含在班级学年或学期工作计划中,如建设学习先进班集体、常规管理先进集体等。长期目标则是整个学段的目标,具有概括性、全局性和根本性;它是促进班级自我提高、自我完善和自我发展的目标。

例如,某小学班级根据学校"身心健康、懂得合作、积极向上、充满智慧"的育人理念,结合班级学情制订了整个小学年段的班级教育目标。与自己:尊重生命、勤劳勇敢;与他人:团结友善、热爱集体;与社会:尊重规则、保持兴趣;与世界:开阔视野、勇于探究。并逐层构建了分年级目标:

第一阶段:融入(一、二年级)。一年级以培养学生适应小学生活、学习规则等为主。二年级培养学生在学习、综合实践、班级服务中的探究精神。

第二阶段:凝聚(三、四年级)。三年级培养学生团结友善、积极乐观的品质。四年级引导学生将视野转向更开阔的自然与社会。

第三阶段:绽放(五年级)。通过校园志愿服务和毕业季活动,引导学生感受成长收获。

在本案例中，班主任根据学生的成长规律，将总目标分解到各年级，使其成为具有整体性、层进性的序列化目标。

三、班级教育目标应坚持动态化

学生的成长不可能完全如教师预期般变化：个体或群体的突发事件会对其造成影响；教育举措没有取得意料中的成效，会延缓教育的进展；学生由于兴趣爱好、人际交往、家庭环境、社会氛围等各方面因素而形成新的成长需要……这些都无法在一开始的班级教育目标中预料和呈现。如果班主任在制订了教育目标后就不再关注学生和班级情况，不根据目标实现的情况和新的问题实施动态调整，那么，目标制订依然会出现适切性不够、达成度不高的问题。

例如，某高中班级在高一入学时，师生针对"理想信念缺失"的问题确立了以"懂得生命意义、明确生涯规划、具备生长活力"的教育目标。到了高二，网络文化中一些短、平、快，甚至庸俗化的文化产品，以及崇尚感官愉悦的流行文化给学生的审美导向和价值观塑造带来巨大的冲击，男生喜欢看"一夜暴富"的爽文、女生沉迷追星，新问题的出现使育人目标必须进行相应的调整，补充"提高审美品位、培养高雅爱好、树立高尚情操"的内容。如果教师没有关注到新形势下新问题的出现，结合班级动态成长拓展延伸，就会使学生的成长缺失非常重要的一部分。

第四节　学生个人发展目标不被支持,怎么办

——尊重个性需求　指导科学规划

不同的学生个体具有不同的潜力优势、个性特点,由此萌生了不同的个人发展目标。部分学生希望能在自己感兴趣的事物上进行深入钻研,并以此作为自己的理想目标。但是,这样的目标常常会影响正常的学习而不被家长、老师所接受,造成亲子冲突,个人的学业、爱好发展也遇到阻力,从而影响身心的健康成长。班主任如何既尊重学生的个性,又指导学生树立适宜的个性化发展目标,并使其切实可行呢?

【现象扫描】

高一学生小明非常喜欢生物,最近为了准备上海市青少年科技创新大赛,他更是将所有课余时间都花在做实验和查资料上,每天都要备赛到深夜。渐渐地,上课时常出现打瞌睡和做作业不认真等情况,他的学习成绩开始下降。爸爸妈妈看到他的期中考试成绩后非常气愤,不许小明参加青创赛,亲子间爆发了激烈的冲突:

爸爸愤怒地说:"你搞这个有什么用呢? 高考又不能加分,还影响学习。这次考试已经退步很大啦!"

小明高声地大喊:"你不要管,我喜欢做这个! 难道我不能做自己喜欢的事吗?"

妈妈解围:"你要是能平衡好兴趣和学习,我们也就不说什么了呀! 你现在先把重点放在学习上,等成绩提升了再做,好吗?"

小明低下头,说:"还有两个月就要比赛了……"

妈妈惊讶:"还要两个月! 那你的成绩怎么办啊? 你看,这个比赛难度也很大的,你花了那么多时间,如果获不了奖,那不就白白浪费时间和精力了。"

小明沉默不语。

当代学生爱好广泛、个性鲜明,他们通过互联网、兴趣班等途径了解、自学了很多技能,他们会在这些兴趣爱好上花费大量的时间,并由此萌生了个性化发展的念头。

但是这种情况通常不被教师、父母接受,并因占据大量的课余时间,甚至还要占据学习时间而遭到反对,由此产生了亲子冲突、师生矛盾。

【归因分析】

一、未充分尊重学生的个性发展需求

在教师和家长的意识中,不管学生有怎样的兴趣和特长,最终都是要通过高考来获得进一步发展的。除了艺术和体育方面的特长可以参加艺考和高水平运动员考试,其他兴趣爱好似乎都和高考无关。我们不自觉地希望学生成为评价标准相近甚至一致的人,在这样的环境中,学生独一无二的爱好、优势、特长无法得到充分发挥,这样的结果只会"显短抑长"。教师和家长先入为主地"排斥"学生的个性化发展需求,没有真诚地尊重、包容他们,这是导致学生个性化发展受阻的首要原因。

二、未正确引导学生的个性发展路径

教师和家长不熟悉、不了解学生想要个性化发展的领域,难以判断和评估发展的可行性和前景。如果这条发展的路径是可以尝试的,则缺乏相应的针对性辅导方案。家长通常会找兴趣班或指导教师帮忙辅导,但忽视了时间管理的方法、学习过程中的关注、个性化学习方案的指导等因素。

三、未及时指导家长的家庭教育方式

纵使教师在校内提供更多的关怀、支持与辅导,若家长不认可学生的个人目标,用打压、否定的方式来阻止学生继续发展,那么学生的个性化发展依然不会顺利。因此,家校必须在学生的个人目标上取得一致,形成教育合力。

除此之外,当学生想发展的路径不可行,或某些想法对成长有负面作用时,如果家长没有及时发现问题,那么教师对学生的教育就会受到更多的阻碍。因此,家校必须在教育理念、教育目标上达成一致,方能助力学生的成长。

【实践探索】

一、了解真实动机,尊重合理需求

学生的差异性是客观存在的,我们需要尊重这种差异的存在,任何一种教育需要遵循孩子的成长规律,顺应孩子的兴趣。我们应本着"尊重"的原则,耐心和

学生沟通，了解他们的真实动机和内心需求，尤其是情感价值方面的需要。满足其合理需求，用宽容的心包容学生的"个性"，保护其天赋秉性，让学生的个性得到充分发展。

案例中的小明同学在课余时间钻研生物知识，这是他"探索新知"的需求，是合理的，应为其提供学习的空间和条件。有些学生行为举止特立独行，引人注目，这或许出于"自我价值感"的需求，应为其搭建展示自我的平台，用正确的方式锻炼自我、彰显自我。我们应透过学生的行为表现来看"本质"，以尊重、包容的态度呵护他们的"个性"成长。

二、全面了解现状，评估发展前景

要指导学生的个性化发展路径，首先需要理性地分析该目标的可行性。可以通过实地考察、咨询任课教师、查找网络资料、咨询生涯指导机构等方式了解情况。比如，学生有电竞选手、赛车手、艺术表演、绘画、体育竞技等方面的个人目标，且已经在校外上兴趣班或受训，教师可以实地考察该生的训练场所，观察训练过程，有条件的话可以和其专业老师进行沟通。再如，学生想在喜爱的学科或爱好上进一步发展，教师可以查找该方向的发展前景，分析所需的条件与学生现状之间的差距，在此基础上制订学习计划。

教师可以从以下角度全面了解现状：

1. 学生的个性化发展目标本身是否有危险性？是否对其健康成长有阻碍？

2. 学生树立该目标的动力或动机是什么？

3. 学生具有怎样的优势和发展潜力？是否有专业人士的评估？

4. 学生的个性化发展目标是否获得了家人的支持？

5. 学生有日常训练吗？训练是否系统化？训练时间和方式是怎样的？教练或专业老师是否有资质？

6. 学生目前是如何处理个性化发展与学业之间关系的？两者可能会产生怎样的矛盾？

7. 学生未来的个性化发展是否已有规划？

8. 该目标的实现需要多少经费支出？家庭是否可以提供？是否可以保证日后的训练？

三、制订学习方案，引导个性发展

在全面分析了个性化目标的可行性、风险程度、发展空间等因素后，教师应和家长、学生一起制订个性化学习/指导方案，引导学生找到既能充分发挥特长又能兼顾学业的成长之路。

个性化学习/指导方案需要兼顾三方的责任：

1. 基于学生：应注意训练的安全问题，合理规划训练和学习时间，制订时间作息表，确保日常学习中的基础内容，选择有助于个人发展目标的针对性学习内容进行强化。

2. 基于教师：时刻关注学生在校的表现与想法，经常聊天谈心，对学生的学业提出基本要求，提供个性化辅导。

3. 基于家长：与专业人士沟通，了解专业前景和前途；与专业老师沟通，了解孩子的潜力，制订可行的培养计划；尽量陪同孩子共同参加训练，了解学生的训练过程；明确今后的经费预算和支出状况，评估是否可以保证孩子今后的训练。

四、家校充分沟通，形成育人合力

学生的个性化发展尤其需要家长的支持与帮助，因此教师需要为家长提供科学的家庭教育指导。可以从以下几方面入手：

1. 表达对学生个人发展目标的关注、认可与合理的担忧，以真诚和关爱获得家长情感上的共鸣。

2. 引导家长尊重、满足学生的合理需求，为其个性化发展提供生长空间，获得家长理念上的认同。

3. 与家长共同参与了解现状、制订学习/指导计划的过程，明确双方的责任。

4. 经常与家长沟通学生在校、课外学习的情况，根据新的问题调整计划，同时分享学生成长、成功的喜悦。

第二章

充满人文关怀的班级管理

班级管理中要重视学生作为"人"的主体性,肯定"人"的价值。坚持"以人为本"的教育原则,将学生视作完整的、有独立思想的、有着不同优势和潜能的生命体;尊重每个人的个性差异、兴趣特长与成长需要,激发其积极性与创造性;关怀他们的精神生活与情感诉求,以达成民主和谐、尊重悦纳、温馨鲜活、多元发展的班级管理。

第一节 理论概述

"人文关怀"是教育的基础:"教育"是人生命活动的过程,"人文关怀"就是以人为本,重视人的主体性、差异性。当班级管理中充满了人文关怀,意味着教育者不再只以单一的标准看待学生,不再强势地将成人的看法简单粗暴地加在学生身上,而是将学生视作完整的、有独立思想和人格的、有真实而丰富的情感的、有各种优势和潜能的生命体。充满人文关怀的班级管理是民主和谐、尊重悦纳、温馨鲜活、多元发展的。

一、概念界定

党的十七大报告中指出,要"加强和改进思想政治工作,注重人文关怀"。"人文关怀"是对人的生存状况的关怀、对人的尊严与符合人性的生活条件的肯定,对人类的解放与自由的追求。人文关怀是社会文明进步的标志,是人类自觉意识提高的反映,亦是学校德育的本质要求,表现为关怀人的发展、需要、成长、价值和个性。[①]

班级管理中,我们应高度重视学生作为"人"的主体性,肯定"人"的价值以及人性。我们应始终坚持"以人为本"的教育原则,关爱每一位学生,尊重他们的主体性及个性特点,关注和理解他们的成长需要与情感诉求,关心其价值引导、个性培养、生活关怀、心理疏导、行为指导、学业指导等方面,开展有温度、人性化的班级管理与教育,推动学生全面、健康地成长。

班级管理中的"人文关怀"包含以下内容:

1. 将学生视为完整的生命体,是有思想、有情感的人;

2. 尊重学生的个性差异、兴趣特长与成长需要,激发其积极性与创造性;

3. 关怀学生的精神生活与情感诉求。

二、价值意义

1. 人文关怀是教育的基础

叶澜教授认为:应该把"生命"作为开展教育工作的前提条件,将生命个体的

---

① 孟庆南.论素质教育的人文关怀[J].教育探索,2004(11):32-34.

基础特点当作教育学的基本点去探索。① 可见,教育的基础是对生命的关怀,人文关怀是教师职业道德的核心要求,是教师必须具备的职业操守和专业素质,更是师德的重点所在,有助于营造学生健康成长过程中不可或缺的人文环境。

2. 人文关怀有助于学生形成健全的人格

每个人都是世间独一无二的生命体;若以单一标准评价所有学生,那学生极易产生焦虑、自卑等负面情绪。"人文关怀"关注到个体的差异性,尊重学生作为"人"的主体地位,根据他们不同的特点进行引导,这有助于学生降低心理焦虑,激发自身潜力,满足个性化的发展需求,从而有助于学生身心健康发展,使他们形成健全人格。

3. 人文关怀有助于学生提高社会情感能力

2021 年 10 月,教育部将社会情感能力的核心内容融入中小学课程教材。"社会情感能力"是指可以成功掌握各种需求、任务、问题和目标,通过正确理解和适当行动灵活处理各种社会任务和人际关系,并能在各种场合下进行情绪情感的自我管理,锻炼积极稳定的情感状态的能力。② 当班主任用充满人文关怀的方式进行班级管理时,其"以人为本"的理念、重视情感的教育方式会潜移默化地影响学生,鼓励他们正确进行情绪表达和自我调节,提高处理日常生活和人际交往问题的能力。

和谐的师生关系也能为学生提供安全、友善的校园环境,帮助其疏导焦虑等负面情绪,从而帮助学生提高社会情感能力。

三、遵循原则

1. 坚持"以人为本"

教育的根本目的是帮助每一个生命个体得以全面、健康地发展。人文关怀是从人的属性出发,彰显人的价值,关怀人的生命,关注人的生存状况,关心人的多元化需求,强调人的尊严,突出人的主体地位和个体差异。③ 教师应关心人的

---

① 叶澜.为"生命、实践教育学派"的创建而努力[J].教育研究,2004(2):33-37.
② 李云霞,李东斌,王菲,徐枝玲.青少年社会情感能力:概念、发展与实践[J].赣南师范大学学报,2003(10):104-111.
③ 王道俊,郭文安.教育学[M].北京:人民教育出版社,2009.

成长、发展,关注人的生存和意义,旨在遵循生命的成长规律,以生命作为出发点和归宿,敬畏生命,追寻生命的价值,促进人的健康成长和全面发展。[①]

我们应始终秉持"以人为本"的理念,将学生视为有独立人格、思想的完整的生命体,而不是仅仅听从成人指令、被约束和管理的对象;将学生视为有丰富情感、生长活力的个体,尊重他们的情感诉求,满足他们被看见、被关注、被倾听、被尊重、被理解、被包容的需要,而不是在教育中只剩下"分数"或"纪律",忽视了情感的培育及身心的和谐发展。唯有在尊重人、关爱人、理解人的基础上,才能培养人、塑造人,促进人健康、全面地发展。

2. 悦纳个体差异

"以人为本"的理念要求教师悦纳学生个体的差异性,通过创新和多元化的途径挖掘学生的潜力与闪光点,尊重其独特的个性与能力,引导、鼓励他们展现自己、锻炼自己,促使其进一步发挥自身优势,规划适合自己发展的路径。

生命体的丰富多彩也要求我们不能使用同一个标准去衡量所有学生,应积极探索多元的评价方式,因人而异、因材施教,提供满足学生个体发展需要的教育方式。

3. 尊重主体思想

学生是有独立思想和人格的生命个体,因此在班级管理的过程中,不应直接将成人的想法、规则"强加"在学生身上,而是要发挥学生的主体地位,能倾听、尊重、理解他们的想法和困惑,耐心地引导他们思辨、感悟、体验,最终提升精神境界。若只是生硬说教或简单的强制要求,而不了解学生内心的想法,"德育"只会流于形式,学生也不会获得精神上的成长,更容易造成师生关系的矛盾。

行为主义心理学家桑代克主张"学习就是试误"。学生在成长过程中总会出现各种错误,这些"错误"应是生命成长的资源,而不是"污点"。我们应用发展的眼光看待学生出现的错误,带着人文关怀去解决问题,分析问题背后蕴含的原因,理解学生的诉求,帮助他们澄清思想上的困惑,在育人的过程中传递温暖与宽容,坚定而和善地引导他们成为更好的自己。如果学生犯错源自规则本身的不合理,我们也应及时完善规则,采纳他们的合理意见。

---

① 林瑞青.生命关怀:学校德育现代模式的重构[J].江苏大学学报,2005(01):60-63+68.

在班级的各项事务和活动中也应尊重学生主体的想法,发挥他们参与的积极性、主动性,鼓励他们自主管理、自主策划、自主实施,在实践中尝试自己的"奇思妙想",在体验中自我完善和成长,在民主、积极的氛围中感受生命价值的实现。

4. 和谐师生关系

在充满人文关怀的班级中,师生之间不是以"分数""规则"为中心的冷冰冰的关系,而是更多了一些温馨、丰富的色彩。教师对待学生平等、民主、真诚、相容、悦纳,教学相长,共同成长。"平等民主"体现在尊重学生、保护人格;"和谐融洽"体现在关心学生,做他们的知心朋友;"相容相长"体现在互信相知、互促互进。

教师应成为学生的良师益友。作为"良师",应起到学高为师、身正为范的榜样作用,言传身教,用自己的学养与素养去感染学生,这包括:热爱学生与工作、公正待人、积极乐观、知识渊博、终身学习等。还要做学生的"朋友",建立尊重平等、相互了解、亦师亦友的师生关系,在正确的价值观引领下开展个性化学生发展指导,帮助学生释放过度的学业压力、情感压力,增强其学习、成长、抵抗挫折的能力和自信心。只有成为"良师益友",才能构建起师生和谐发展的支持系统,营造立德树人的良好生态氛围。

5. 构建情感场域

情感是人基本的精神需求,构建情感场域是人文关怀极其重要的一部分。

班主任要时刻关注学生细微的心理变化,及时疏导,解决情绪和思想上的困惑,指导他们学习积极心理学的理念和方法,增强自我调适和抗压抗挫能力,培养更乐观、积极、健康的心态。

学生内心往往有许多心理需求,班主任应关注他们丰富的情绪表达的需要,尊重并正确引导他们满足合理的情感需要,实现自我发展和完善。

与此同时,还要营造温馨的班级空间,用丰富的形式让教室在布置和摆设上就传递出浓浓的情感,让学生在浓烈的"看见与被看见""欣赏与被欣赏""感恩与被感恩"的幸福氛围中受到感染和启发。

5. 拓展多元评价

既然每个生命体都有独一无二的潜能和优势,我们就不能用单一维度、单一标准去衡量所有学生,而是要拓展更丰富的评价方式、更多元的评价维度,来满足学生个体的发展需要。

在评价的标准上,摒弃以"学习成绩""行为规范"等为核心的评价标准,增加更丰富的评价要素。这就要求班主任在班级管理的过程中,除了关注班级纪律与学生的学业情况外,还要全面、细致地观察他们的校园生活,增加师生沟通的话题范围,了解其兴趣爱好、情绪心理、成长痛点等,发现他们在生活、活动、人际交往等方面表现出的闪光点、潜力与进步,并及时给予肯定和强化。同时,引导家长着眼于学生的全面发展,多给予正向反馈。

在评价的目的上,转变以批评和要求为主的教育理念,更多地以正面教育的方式,给学生鼓励与肯定,增加其自信心与幸福感,让学生在被悦纳、被欣赏的氛围中更好地完善自己的行为。

在评价的方式上,应使用更加综合、理性、科学的评价方法,从注重结果的评价转变为注重过程的发展性评价,从单一的"教师评价"变为更多主体参与的评价,如学生自评、同伴互评、师生共评等,鼓励学生发现自我、悦纳自我,欣赏他人、赞美他人。①

---

① 刘畅.幸福教育:班主任人文关怀的有效路径[J].中小学班主任,2022(3):33-36.

第二节　校规班规难以落实，怎么办
——尊重学生主体　优化规则要求

当代学生具有强烈的自主意识与丰富的知识，他们面对校规、班规已不再是采取完全被动接受的态度，而会依托自身的情绪感受、生活经验、知识储备等，对校规、班规提出自己的看法。传统教育中具有权威性的校规、班规不一定能被学生接受，由此产生了学生与学校、学生与教师、学生与学生之间的矛盾。

【现象扫描】

学校运动会前，年级组通知了学校的要求：学生不能在观赛时做无关之事，特别提出不得带作业到观赛地点。班主任小张老师认为很有道理——如果同学们纷纷带作业去做而无人观赛，那对运动员的心理是多大的伤害呀！于是，他在班上只字未改地讲了此条要求。话音刚落，班级里就有了一些低低的惊呼声，但张老师并没有当回事——规定，当然应遵守。

正式开赛后，张老师环视了一下班级情况，满意地发现同学们都在认真观看比赛……这时，小宇同学竟然拿出英语卷子并开始书写。

张老师一下子走到他面前，说："你怎么在写作业呢？"

小宇同学慢吞吞地抬起头，声音冷漠地说："为什么不能做作业呢？"

老师："这是学校的规定，我已经说过了。"

小宇同学："这不合理。集体活动应让各人干自己想干的；如果强迫不想看比赛的人看比赛，那集体活动就没有意义了。再说了，如果有人不是出于真心地想去做，那就没有意义。为什么要遵守呢？"

接下来，小宇和张老师进行了至少半小时关于"运动会能不能写作业"的"辩论"。最后，小宇同学单方面"结束谈话"。他说："我觉得你一直在把你的想法强加在我们身上，你的思维是僵化的。我知道这场谈话你只是想让我不写作业，而我一定要写作业，我不会改变。因此，这场谈话没有意义。"

张老师如鲠在喉、火冒三丈，急匆匆地找到年级组长，希望她能出面教育小宇。

没想到，年级组长听闻情况后，指着隔壁班十几位正在写作业的同学，苦笑着说："管不住。"隔壁班班主任抬起头，用力地挥了挥手，说："不管！写作业有什么好管的！总比玩游戏好吧！规矩是死的，人是活的。"

张老师气愤地回到班级队伍里——观赛席里只剩下小宇同学,他镇定自若、慢条斯理地写着英语作业。张老师站在他身边,突然觉得自己无力又可笑。

小宇和其他同学偶有闲聊,想看比赛时,会"出于真心"地观看比赛;觉得无聊时,也会自然而然地写作业。最后在班级合影时,他举起了那面花了数个晚上亲手绘制的班旗,赢得阵阵喝彩。

在日常工作中,当班主任要求学生执行班规、校规时,学生有可能对其中的某些规定不认可。他们或是以"违纪"的方式直接表达对规定的不满,或是通过网络等方式表达不同意见,有时甚至家长也会站在学生那边。

【归因分析】

一、没有尊重学生的意见

班主任仅仅从自身立场出发制订班规,自上而下地传达教育目标和要求。忽略了师生沟通的过程,没有听取学生的想法、不同意见和建议。班主任和校方制订班规、校规时,更多的是从管理者角度,出于统一要求、方便管理的目的提出各种规定。但是,这些规定是否会给学生造成不便呢？操作起来是否有困难？是否考虑了特殊情况？是否能确保实施？……这些问题有时很难从管理者角度思考得较为全面。在本案例中,学校希望各班团结一致,为参赛同学加油鼓劲的初衷是好的。但现实状况是,有的比赛项目中没有本班同学参与,或在观摩视野中看不到自己班同学的比赛情况;此时学生若不能做与观赛无关的事,那又能做什么呢？这条规定没有考虑到这种情况。因此,需要在形成规定的过程中听取学生合理的意见,以调整、完善规定,使其具有可行性。

二、没有考虑学生的实际需求

班规不是为了管束学生,让他们变成行为一致的群体,而是为了创造和谐共生、积极向上的班集体。学生在学校里既有生活上的需要,也有精神上的需要。班主任应重视学生的主体性,尊重、满足其合理的需要,让学生感受到被尊重、被关怀。

比如,学校不允许学生带食物进校,出于安全卫生角度考量,无可厚非。但是,学生因出黑板报、排练节目等而很晚才能离校,是否也"一刀切"地不允许他们带食物、点外卖呢？ 如何解决他们的就餐问题呢？ 这是学生生活上的需要,在制订班规时应考虑到各种特殊情况。

又如,学校在开展大型文艺表演时不允许学生使用手机。这固然是为了阻止学生不看演出而玩游戏、表情包和视频放上网络引起同学不适,以及保护学生隐私等。但是,大型演出是学生求学生涯中浓墨重彩的一笔,不论是表演者还是观众,都希望留下影像记录作为珍贵的青春记忆,这是他们精神上的需要。是否可以向学生说明校方的担忧,同时询问学生的意见,最后制订一个两全的方案呢？

三、没有进行价值引领

班主任在公布班规时只是简单地宣读要求,机械地要求学生执行,对"为什么如此/不能如此"的解读不够。这样可能会使班主任原本合理、善意的教育意图无法完整甚至错误地传递给学生,导致学生不了解这些规定的意义及目的而造成不认同班规的情况出现,部分学生就会不很好地执行。

【实践探索】

一、提出指向"能发展人"的规定

班主任应问自己一个问题:"我有没有发展人?"如果我们在布置要求前先想一想:这条规则有起到"发展人"的作用吗？ 就会惊愕地发现,除了一些触及底线的规则,有些规则其实并未涉及道德的发展,谈不上"让学生获得发展"。如果这些"不能使人发展"的规则在操作层面上还有困难,如本案例中,运动会上没有本班学生参与比赛时,同学们怎么办？ 那就更不必当作"要求"布置下去。可以作为"希望"向学生说明,如诚恳地告诉同学,从运动员角度考虑,他们希望得到更多人的关注和加油,希望同学们能热情地给他们支持和鼓励。用"希望"代替"要求",可能既触发他们的思考,又避开"难以全部落实"的窘境。

二、指导学生合理提意见的方式

长久以来，我们都强调"行为规范教育"的重要性。在班主任工作中，行为规范教育、讲各种要求占据了班级管理的大部分时间。对于行规教育的内容，我们似乎驾轻就熟：从知道"怎么做"，到明白"为什么做"，再到"学生自我管理"，从而培养学生的"规则意识"。但是，我们真的明白什么叫"规则意识"吗？理解为什么要培养"规则意识"吗？似乎从未有人解释过"规则意识"四个字本身的含义。

"规则意识"不等于无条件地接受规则，在个人"妥协"之外，也应学会"争取"。面对不合理的规则、难以做到的规则，应怎么办？这应是"发展学生"的内容之一。班主任可以在初次说明规则意图时，耐心地解释其背后的原因，通过摆事实和换位思考等方式引导学生理解这些规则的合理性；同时，也要通过当堂讨论、收集意见、师生信箱等方式，身体力行地指导学生明白，面对"不合理"或执行有困难的规则，要用正确的方式提出自己的意见。

三、教育学生规则具有权威性

在优化规则形成过程、调整规则要求和内容后，仍应教育学生，在规则不甚合理时应采用合理的方式提出意见，而非直接以"违纪"的方式应对规则。作为教师，规则一旦被制定、公布，就必须认真执行，不能朝令夕改，或得过且过。这里所说的"认真执行"并不是说明知规则不合理仍要执行，而是用民主讨论、调整规则、主题教育等方式，以身作则地告诉学生：不可对"违规"视而不见。一个规则得到有效遵守的前提是其本身的权威性，没有人能凌驾于规则之上，任何人都能找出这样那样的理由拒绝执行。但如果有些理由可以使违反规则的行为合法化，那么，规则就会丧失其权威性而形同虚设。在成长过程中，学生应具备这样的"规则意识"。

第三节 毕业班劳动纪律不能执行,怎么办

——加强过程管理 重视价值引领

劳动是推动人类社会进步的根本力量,是人民美好生活的源泉。构建德智体美劳全面培养的教育体系,加强劳动教育,是回归人之本质、回归学生自身的主体性教育方式,能帮助学生在自主实践中发现自我,通过双手改变和创造自己的生活。因此,在新时代背景下,加强毕业班学生的劳动教育,对学生的成长和国家的发展意义深远。

【现象扫描】

有一天早晨,李老师走进教室,发现教室的地面上有很多垃圾,课桌椅摆放也不整齐。当她询问劳动委员时,听到了这样的答复:"最近,由于晚上补课,放学时间很晚,值日生放学后就走了。我第二天去问,同学们却说,初三了,又放得这么晚,没时间也没力气打扫教室了,让我别再操这个闲心了。现在放学后,原本该值日的同学都走了,我想拦也拦不住。我没有能力,不想再担任劳动委员了。"李老师听了既生气,又难过。好好的一个班级,怎么会变成这样的呢?

带着这种困惑,李老师对班级学生和家长做了问卷调查。调查结果显示:有87.37%的学生认为劳动对个人成长没有价值,他们不愿参加劳动;有34.54%的学生认为学习才是最重要的,他们没有时间参加劳动;有47.36%的学生认为现在的生活不需要劳动,他们在家庭或其他场合没有机会参加劳动;有23.57%的学生说他们从来没有认真参加过劳动,不知道怎么做。

家长调查结果显示:有57.71%的家长认为孩子有必要做家务,但只有5.71%的家长日常让孩子在家做适量的家务劳动;有62.86%的家长认为在不耽误学习的情况下可进行适当的劳动,但每天让孩子参加半小时左右劳动的家长只有4.76%。对家长来说,他们虽然认同劳动的意义和价值,但是在实际生活中,没有培养孩子劳动能力与习惯的意识。

【归因分析】

毕业班劳动纪律不能执行,除了考试压力大,学生时间紧之外,学生劳动习惯不良、劳动价值观异化也是重要原因。

一、劳动价值导向出现偏差

劳动教育不是简单地督促学生完成劳动任务，把劳动问题推给学生，而是要利用劳动过程中所蕴含的教育契机实现建班育人。毕业班，很多班主任把劳动看作是一项无关紧要的事。像日常保洁这样的劳动活动，相比于劳动过程的育人价值，班主任更看重最后的结果，忽略了劳动本身就是育人的有效途径。还有的班主任把劳动作为一种惩戒手段，学生上学迟到、作业有问题、上课插嘴等违反班规的行为都是以罚做值日生的方式来解决。像这样的惩戒行为，会强化学生潜意识中不正确的认知，会对劳动产生抗拒情绪，甚至会出现逃避值日生的行为。

二、劳动制度建设不够完善

规章制度是确保班级一切教育行为有效落实的基础。低年级学生容易受环境和情感的影响，配合意识强，对劳动任务目标达成有较高的自我要求。但是，如果没有明确的分工和方法指导，在劳动过程中可能会出现杂乱无章的现象，劳动教育效果不明显等情况。高年级学生，尤其是毕业班学生，自我发展意识强，对不认可或不感兴趣的活动参与意识不强。因此，如果没有完善的劳动制度，对班级值日生工作没有提出相关的规定和具体的要求，不仅不能提升学生在劳动过程中的价值观，而且也不能解决毕业班学生的值日生工作等问题。

三、劳动教育合力还未形成

《大中小学劳动教育指导纲要（试行）》提出，要将劳动观念和劳动精神教育贯穿人才培养全过程，贯穿家庭、学校、社会各方面。但是，李老师的班级在开展劳动教育的过程中没有形成合力。学校由于受到劳动时空的限制，劳动方式单一，劳动教育内容与学生日常生活结合不紧密。学生由于学习压力大，时间紧张，参与劳动的意愿不强。家庭中，随着洗碗机、拖地机等现代科技的广泛使用，学生参与家庭劳动的机会大大减少。部分家长也由于重智育轻劳动，也造成了学生劳动意识不强、劳动能力低下、劳动价值观不正确的现象。

【实践探索】

要解决毕业班学生的劳动问题,就要解决班级有教育无劳动和有劳动无教育的问题。

一、明确劳动岗位职责,提升责任意识

1. 按需设立与按人设立相结合

班级在成立小组的时候以"意愿优先、双向选择"为原则,把选择权和决定权还给学生。由于每个小组人数有不同,班级制订劳动细则的时候,按需对每天的值日生内容、值日生详细要求、值日生的时间安排做了明确的要求。至于小组内每个成员具体的劳动任务,则由小组长负责,小组成员讨论后分配到人落实。这种基于尊重和信任组建的小组向心力更强,团队成员之间的影响力更大,是确保每天劳动任务完成的基础。班级在制订劳动制度时还要广泛征询全班同学的建议,充分听取小组长的意见,经过讨论后达成的共识更容易得到学生的认可,有利于参与意识的激发。

2. 自主管理与团队监督相结合

劳动制度的落实除了要有详尽的细则要求外,班级的常规管理更不能松懈。既然每天的劳动有要求,那么就要有相应检查和反馈,要做好劳动的过程管理。我们采取组员、组长、劳动委员、班主任四级管理的模式。小组内互助关系,实现自主管理;小组间竞争关系,实现相互监督;劳动委员总负责,班主任全程监控。鉴于初三学生放学晚时间紧的情况,我们要求值日生必须在15分钟内完成劳动任务。为了确保值日生工作高效完成,编写了劳动指南,就怎么完成每个岗位的劳动任务给出了指导意见和操作流程。这样的方法指导和过程管理提升了劳动的质量,也有利于劳动习惯的培养。

二、拓宽劳动教育途径,形成育人合力

教育是系统工程,需要家、校、社协同,形成三位一体的育人合力;毕业班的劳动教育也是要建设以学校为主导、家庭为基础的协同实施机制。

1. 注重教师对劳动教育的过程管理

对毕业班学生的劳动教育,班主任要全程参与、全过程管理,带领学生共同

制订劳动制度,与学生一起劳动,组织学生做好总结与评价工作,及时对不足之处提出改进措施,营造每一位同学都有劳动岗位、每一件事都要分担着做,团队能合作、个人能奉献的劳动氛围,让学生在日常的岗位实践中逐步理解并认同劳动的意义。通过全员参与班级美丽环境的营造,从集体荣誉感角度来唤起每个学生维护教室环境的意识,养成良好的劳动习惯,激发他们劳动过程中的自觉意识和责任感。

2. 提升家庭对劳动教育的价值认同

毕业班家长看重孩子当下的学习,因此转变家长的教育观和价值观是至关重要的一步。这需要积极指导。首先,要向家长宣传学校的教育内容和安排,让家长真实详细地了解学校教育,促成家校在劳动教育内容和方式上达成共识,即在家务劳动中,努力让孩子养成"自己的事情自己做,不会的事情学着做,家里的事情一起做"的劳动习惯和劳动意识。其次,定期在家长群发布一些专家讲座和家长育儿的成功经验。同时针对学生的情况开设班级家长沙龙,就孩子的学习、劳动、人际交往等问题与家长一起交流分享,借助外力指导帮助家长缓解压力和焦虑,提升家长对劳动教育的价值认同。总之,让家长明白教育不只有课堂的知识、眼前的考试,还有课外很多必备技能和必备素养,我们的孩子不仅要面对考试的考场,还要面对社会、生活的考场。

三、重视劳动教育评价,唤醒行为自觉

《大中小学劳动教育指导纲要(试行)》提出,劳动教育评价要以劳动教育目标、内容要求为依据,将过程性评价和结果性评价结合起来,充分发挥评价的育人导向和反馈改进功能。因此,对毕业班的劳动教育,过程性评价要重视对劳动方法的指导与劳动进度的跟进,对阶段成果的总结和典型经验的分享;结果性评价要重视对优秀团队或个人的表扬肯定,充分发挥榜样的示范作用和同伴的积极影响力。

为了充分发挥评价的导向性和激励性,班主任要淡化评价的甄别和评判功能,把评价作为促进学生发展的手段。在评价的过程中还要注意个体的差异,学生的参与和互动,尽量做到定性和定量相结合、自评和互评相结合,尽量做到评价指标和评价主体多元化,评价方法多样化,呵护每一个学生参与的积极性,看

到每一个人的成长,通过发展性综合评价唤醒学生的行为自觉。

劳动教育的综合育人功能是提升建班育人品质的有效途径之一。班主任要将劳动教育渗透在班级生活的方方面面,落实到建班育人的各个环节,家班携手共育,挖掘劳动的育人价值,将培养学生的劳动观念、劳动精神贯穿建班育人的全过程,浸润每个学生的发展历程,锻炼他们的意志品格,为学生的幸福人生打好底色。

第四节　班级常规管理没有着力点，怎么办

——建章立制明规范　民主议事树新风

班级管理是班级文化的有机组成部分，班级管理对班集体建设目标和学生培养目标的达成，班风和学风的形成，以及学生身心健康的成长有着重要的意义。班级事务琐碎而繁杂，班级管理并没有一招制胜的法宝。在面对具体而琐碎的班级事务时，班主任要从细节入手，创新方法，找准着力点，扎实推进，班级管理工作才会更有成效。

【现象扫描】

班级管理是班级教育教学工作有效开展的基础和保障，年轻教师接班后，经常会羡慕老教师所带的班级通常都是井然有序、班风良好、同学团结。而反观自己，则不得不面对脏乱吵闹的教室、行为随意的学生、吵闹无效的课堂、随意拖欠的作业、频繁投诉的家长。对于班级管理，他们虽然也有想法和做法，但不是没有收到如期的效果，就是开始效果很明显，但到了后期变得形同虚设。

有的班主任，在接班后对班级工作没有整体的思考和提前的准备。开学后只看到琐碎的事，缺乏对班级管理制度的建立，使学生处于一种混乱的状态，班级事务杂乱无章。比如，值日生表迟迟不能出台，值日生工作不作明确的要求，导致班级值日生工作处于混乱状态，教室卫生脏乱差。有的班主任虽然制订了班规，但在班规制定过程中没有经过学生的讨论，学生对班规的认可度不高；实施过程中缺少过程的管理，检查不到位，指导严重缺失，班规没有发挥出应有的价值；评价不及时，学生对班规没有敬畏之心。导致班级中出现上有政策下有对策的现象，影响积极舆论的形成，还不利于良好习惯的养成和班风的形成。

像很多班主任一样，老班主任和青年班主任都在按照学校要求完成任务，都是认真负责的好老师，那么，他们带班的差距究竟在哪里呢？

【归因分析】

在班级管理过程中，受各种不确定因素的影响，班级管理效果会有很大的不同，有时甚至会影响学生的健康成长。其主要问题如下。

一、班级管理民主化有待加强

现代教育是以人为本的教育,旨在发展学生个性、构建独立人格,让学生学会学习、学会选择、学会创新的教育。在现实中,教师一言堂或教师独断专行的管理方法成为控制学生行为最便捷、最有效的手段。它看似有助于建班初期班主任对班级的快速把控,也是青年教师最容易模仿的一种管理模式。但是,在班级管理中受教师的权威和学业负担的双重制约,学生的主动性受到压抑,参与班级管理的意识受到影响。

二、对学生的评价方式单一

班级管理,尤其是毕业班的管理工作,不可避免地存在"重结果轻过程"的误区。仍有不少班主任未能形成正确的学生观,无论是对班级的管理还是对教学内容的设定都没有以学生发展为本,缺少因材施教,对学生的发展现状和认知水平的差异重视不够,学生评价还是以分数为重。这种过于注重结果,忽视学生发展现状和自我发展需求的评价,使班级管理缺少人性化。

三、对学生内驱力的激发不足

部分班主任在班级管理中缺乏行之有效的激励措施,没有重视对学生内驱力的激发。这种管理的弊端在学生年龄小或建班初期时还不明显,但随着学生的成长、学习压力的增大、环境的变化,学生对班级归属感会降低,他们参与班级管理的意愿不强,对班级规章制度的制订或对班级活动的参与都很被动,遇到问题不能从自身角度去反思,行事过程中也不能从集体利益角度去考量。

四、协同育人的能力有待提升

班级管理是一项繁杂的工作,班主任、科任老师、学生、家长等各个群体都是重要教育力量。在班级管理过程中,良好师生关系、师师关系、家校关系、生生关系、亲子关系的建立是班级管理的情感基础。班主任如果没有理顺各种关系,没有形成育人合力,凡事只靠自己的力量去完成,班级管理很难达到理想状态,学生的发展也会受限。

【实践探索】

班主任的常规管理有两个重要内容:其一,指导学生的行为规范,让他们知道怎么做、为什么这么做,从而成为有公民意识、社会责任感和民主法治观念的人。其二,维持班级的日常秩序,让学生知道什么时候该做什么,营造井然有序、积极向上的班级氛围。

一、立规正形,行为规范教育重价值认同

落实行为规范教育可以从制订班规、执行班规以及价值观培育三个方面思考。

1. 制定班规

(1) 班规制订要遵循三个原则

① 合法性。班规要遵循《中华人民共和国未成年人保护法》《中小学教育惩戒规则》等相关条例,不能出现与之相悖的惩罚措施。班规是在《中小学生守则》和校规的基础上制订的,要与国家要求和学校要求保持一致。

② 民主性。在班规制订过程中,每一条班规都要向学生讲明利弊,以取得大家的理解和认可。要经过从下而上、从上而下的多次沟通,在深入讨论后再进行表决。

③ 发展性。当出现"班规空白"、班规已经不符合学生发展现状或对现有班规有了新的理解时,要及时对班规进行补充、更新和完善。

(2) 班规制订的流程

① 准备。学生阅读《中小学生守则》和校规,找出两者的相同点,以及校规中具体要求和特别要求;思考如何进一步把国家和学校的要求具体化,针对班级实际情况,还需要增加哪些规则;经过学生充分交流、家长充分参与后,班干部收集汇总同学和家长的意见,形成班规讨论稿。

② 定稿。由班长或班主任向学生解读每一条班规的意义,全班讨论进一步明确每一条班规的具体要求和现实意义;全班表决,表决中至少有三分之二的学生认同方可通过;班干部整理表决结果,形成班规实行稿。

③ 更新。班规执行一段时间后,根据班级情况对班规中不合理的部分、没

有涵盖的部分进行修改,重新民主讨论和表决,最终形成班规定稿。班规要每学期修改一次,以适应不同发展阶段的发展需求。

2. 执行班规

执行班规的过程也是检测班规是否符合班级大部分学生的意志,为班集体建设和学生成长发挥积极作用。

(1) 执行班规要遵循的三个原则

① 权威性。纪律面前人人平等,没有人能因个人喜好随意更改班规内容或因人而异地执行班规。

② 特殊性。在具体处理和沟通方式上,可以根据违规的具体情况区别对待,既要重视班规的权威性,也要体现班级管理的人文性。

③ 教育性。要凸显班规的育人价值,执行班规不是为了处罚学生,而是一种教育手段,要认识到班规制订过程和执行过程都是教育本身。

(2) 班规执行的流程

① 全班学生以值日班长的形式参与班级管理,每天在执勤过程中填写"每日情况记录表",数据可作为"行为规范标兵""月度之星"等荣誉的参考依据。

② 班主任多进班、多观察,发现学生的问题和闪光点,每周以《闪光日记》的形式向学生反馈。班长汇总一周情况,代表班委向同学反馈。

③ 针对班级普遍存在的问题开展主题班会进行讨论,以达成共识;针对个别问题,开展个别教育和同伴互助。

3. 价值观培育

学生进入青春期,个性逐渐形成,自我发展意识不断增强,对他们的自主、自律、自强能力的培养显得尤为重要,仅仅靠外在的约束是无法真正深入行为规范教育的。因此,相较于"怎么做"外部指令,"为什么这么做"的引导显得更加重要。这就需要开展社会主义核心价值观教育,来帮助学生发展他们已有的价值观。在教育方法上则要注意,任何强制或灌输的方法都无法使社会主义核心价值观变成学生内心的信念。

二、自查自管,日常秩序维持重民主参与

维持班级的日常秩序,让学生明确公共秩序,在履行义务的同时享有有序、温馨的环境所带来的权利。班主任可以通过《班级行事手册》编写、民主议事等活动的开展来鼓励学生主动参与班级管理,促进班级管理民主化和自主化。

1. 编写《班级行事手册》,激发学生自主管理意识

为了让学生明确什么时候该做什么、遇到问题如何解决,组织学生参与《班级行事手册》的编写,其内容包括每日时间表、值日分工表、班级应急流程图、各岗位职责、突发事件应对等。《班级行事手册》有三个作用:(1)将公共秩序固定、书面化,和班规一起构成班级理性建设的基石;(2)为学生校园生活提供行事指南,学生有不清楚的地方可随时查阅,有助于学生自主对标行为;(3)提高学生问题解决能力,如学生在编写"突发事件的应对策略"时,不仅要对事件进行辨析,还要思考如何保护自己,怎样才能更好地解决问题。

《班级行事手册》的编写过程类似于班规制订,实施则由班干部带领同学自管、自查,流程如下:每一时间段都有专人负责督促,学生填写"每日情况记录表"和"值日生自查表",班主任或班长检查反馈。

2. 展开民主议事活动,激发学生民主参与意识

学生每天在"自查"中发现的问题,则在民主议事型班级活动中进行讨论。日常秩序和班规虽有小部分交叉,但大部分并未涉及社会主义核心价值观,这是培养学生公民意识和问题解决能力的教育契机。比如,"运动会要不要购买班服?""放学后桌肚是否要清空?""是否组建学习小组?"等问题,都要通过讨论、表决来达成全班一致的意见,而不是通过从上而下的"命令"。民主议事所得出的结果或补充进班规,或完善《班级行事手册》,以给下一次遇到问题时提供借鉴经验。

民主议事不仅完善了班级日常秩序的运转,还培养了学生自律意识和自省意识,让学生在面对复杂的环境时,不仅有能力做出选择并勇于承担选择的后果,同时还能尊重他人的选择。此外,民主议事还为每一位学生搭建了参与班级管理和发展自我的平台,学生在参与对他人的管理,为班集体建设出谋划策的同时,接受他人对自己的管理,自觉调整自己的言行以契合班级发展的要求,凸显了学生在班级管理中的主体地位。

行规教育的本质是价值观培育,日常秩序的和谐有序是通过民主议事达成一致的。由此可见,班级常规管理的内核是人性化,在支持和理解中还学生的主

动权。时代的发展对班主任的建班育人能力提出了新的要求，对班级管理，班主任不能"一手包办"，也不能"放任自流"，而应抓准着力点，以学生为主体，动员大家共同参与；以教师为主导，发挥其宏观调控作用，建立一个充满人文关怀的、民主化的、班级自主管理模式。

第五节　学生微信群中出现不当言论，怎么办

——引导价值判断　规范网络言论

随着信息技术的发展，班级微信群、QQ 群等网络空间的组建已成为班级建设中不可缺少的内容。由于网络言论的自由度高、开放性广，学生习惯在线上班群中畅所欲言，随意发表言论。但是，由于网络的传播范围广、速度快，一些不当言论容易在短时间内发酵，影响生生关系、师生关系，对班级舆论与和谐氛围带来负面作用。

【现象扫描】

小文同学是高二年级的一位普通男生。他家境优越，聪明活泼，喜欢看书，对事物有自己独到的见解，常常在课堂上"语出惊人"。他总是坚持自己的判断和想法，很难接受教师的建议。他偶然会犯一些诸如迟到、不完成作业的错误，但行为有底线，不会做违背道德的事情。

在高二年级的"班班唱"决赛前一日，有位同学在班级的 QQ 群中询问第二天是否穿校服正装，小文同学立刻在群里说："校服怎么穿都难看。"在无人回应的情况下，班主任小张老师生怕这样的言论会对其他同学造成误导，于是在群里发言，批评他"不尊重学校""用个人狭隘的眼光评价世界"。小文同学不服气，在群中与张老师争论说"一定要'皇帝的新衣'，是吗？"师生两人在班群中僵持不下。最后，在班委的劝说下，群里的"纷争"得以结束。

现代信息科技的发展使沟通的渠道更加多元化，言论表达更加自由。正值青春期的中学生个性张扬，且勇于表现，在自由、开放、匿名的网络空间里，他们畅所欲言，尽情释放喜怒哀乐，发表自己对他人、集体、社会的各种见解。但是，有一部分言论或不符合实情或影响班级和谐氛围或伤害到他人，学生对此缺乏认识和预判。班级群中的不当言论传播速度极快，加剧了对学生身心健康发展的负面作用，影响了班级的和谐稳定。

【归因分析】

一、淡薄的规则意识是主要原因

案例中的小文同学之所以会在班级群中公开指出"校服难看",是因为他没有意识到校服的意义。校服,代表的是该校学生的身份,集体荣誉感的意义大于美观意义。

决赛中穿正装表演是全班同学讨论通过的决定。正装是校服中最漂亮的一套服装,符合主题,并且能省下一大笔服装上的开支。可以说,穿正装是班级同学针对本次活动共同制定的"规则"。

社会是一个充满规则、制度、法律、传统、文化的框架,对规则的认同将给规则践行者带来更好的环境。如果没有规则,社会将陷入混乱,所有人不知道该干什么、要干什么。确实有一些规则是值得商榷的,但在被修改或被撤销以前,人们只能在现有规则下更好地践行它。遵守规则,是学生学习适应社会的重要一课。

小文同学对"自由""规则"的认识是片面的。他知道穿正装是班级制定的规则,没有发自内心接受。因此,他对规则采取不以为然的态度,在班群中公开提出"校服难看"。

二、不了解网络言论的规范是直接原因

网络言论具有匿名性、即时性、传播范围广等特点,它的受众范围更大,所引起的连锁反应也更强。《互联网信息服务管理办法》第15条对不能制作、发布的网络言论有明确的规定。例如,反对宪法所确定的基本原则的;损害国家荣誉和利益的;散布谣言、扰乱社会秩序的;侵害他人合法权益的;教唆犯罪的……规范网络言论是为了引导其向更合理的方向、更健康的途径发展。

在本案例中,小文没有意识到私下"吐槽"和在网上发表言论的不同之处。每个人都有表达个人感情、意愿的权利,但在班群中公开批评校服难看,就如同在校内公众场合说学校的不足。如果有同学盲从、附和,那将酿成充满负面与戾气的网络舆论。小文同学显然没有想过自己的言论可能造成的后果。

可见,学生不了解网络言论的规范性要求,以为能随心所欲地发表言论,这是他在群中公开批评校服难看的主要原因。

三、以自我为中心的价值判断是根本原因

人们常常把"感受"与"真相"混为一谈,如听到一首不喜欢的歌曲,"这首歌我接受不了"——这是感受;"这首歌太难听了"——这是将个人感受表述为"真相"。人的主观认知与客观真相之间往往存在差距。

现实情况是,人们常常把自己的认知、好恶作为评定世间万物的标准,这就是"以自我为中心"的价值判断。这种只从自己的经验角度去认识他人、处理事物的方法,对任何事物都会带着强烈的主观性,不能全面、客观、真实地看待问题。"以自我为中心"也会造成人际交往上的障碍。

在本案例中,小文同学将自己对校服的审美误当作客观真相,而事实上,很多同学都很喜欢这套正装。他将自己的主观感受,以"校服怎么穿都难看"这样绝对的语言表述出来,引发了大家的不适。

四、作壁上观是使事件僵持不下的原因

在小文发表不当言论后的 10 分钟里,没有一位同学、班委、QQ 群管理员发声,来纠正小文的言论。生怕这样的言论引发同学们的盲从、误会,班主任不得不亲自在群内指出小文的不当之处。

班委、管理员为何不发声呢? 或许,每名班委都认为小文的言论是不妥的,但他们都不觉得自己有引导舆论的责任。

心理学上有"旁观者效应",是指当旁观者的人数增加时,任何一个旁观者提供帮助的可能性会减少,即使他们采取反应,反应的时间也延长了。"我以为有别人会说话的",班委大多数是这样想的。这就是多人在场时的"责任扩散"现象。

在本案例中,纠正不当言论的责任被扩散到每个旁观者身上,班委不清楚到底谁应采取行动,每个人都减少了发声的责任,因此都在等待别人发声。最后造成了无人干预不当的网络言论。

【实践探索】

一、教师对班级现象的关注是基础

当班群中出现不妥当的言论时，班主任及时制止，没有让其他同学跟风盲从，从而避免了负面信息的进一步发酵，让事件处于可控范围内。因此，在出现网络不当言论时，快速有效的应对措施是非常重要的。

二、班级制定"网络言论规范"是保障

通过本案例发现，很多学生以为在网上可以随心所欲地发布信息和言论，面对良莠不齐的信息他们又不会筛选、判断。因此，运用各种积极有效的手段对学生的网络言论进行积极的教育和引导，营造一个和谐健康的网络交往环境，这已经成为"互联网＋"时代的班主任必须关注的问题。

通过案例呈现、相关法规的介绍等方法，班主任让学生知道网络言论是有规范和要求的：《互联网信息服务管理办法》明确网络言论的规范与要求；《互联网群组信息服务管理规定》也明确互联网群组的管理者应当履行群组管理责任。

在此基础上，师生共同讨论"班群网络言论规范"，学生了解并实践网络言论的要求与规则，在看到信息时先独立思考。这些媒体素养是"互联网＋"时代学生必须具备的。

三、了解学生的心理特点是关键

本案例折射出的是很多"00后"高中生的心态——崇尚绝对的自由，讨厌规则与束缚，其本质是以自我为中心的错误观念。

根据认知心理学，十六七岁的青少年开始进入他律与自律相结合的年龄。他律与自律的结合，代表人在认知世界不断向前，逐步建立起较为完善的知识世界，形成健全的关于世界的理解与见解。这也是教育期待的理想境界。

十六七岁的青少年也是一个他律与自律分野的年龄。有的学生完全走向他律，逐步失去形成自己对世界的见解的机会，也就逐步变成一个接受型的社会

人,最终失去人的创造性;有的学生完全走向自律,逐步走向拒绝既有世界的道路,也就逐步变成一个与既有世界为对手的人,最终可能完全走向既有世界的反面。

"00后"高中生对新事物、新观念、新信息有自己独特的接收方式、判别标准与接纳形式,善于用批判的眼光来审视成人的思维、道德规范与行为准则,并希望通过努力,来改变社会对人、对事、对物的陈旧标准与束缚。这种创新精神与批判意识对民族的发展有推动作用。

他们的家长通常忙于事业,没有关注他们上网的内容,不会教他们如何筛选信息,不会告诉他们网络信息中哪些是正确的及哪些是不正确的。因此,学生有可能接受不正确的观念和思想。

"00后"高中生不仅知识面宽广,而且对话语权的要求也很高。他们觉得,有话为什么不能讲? 有不满和反对为什么不能说? 权利为什么不能主张呢?

这种想法其实是违背中国传统的"师道尊严"的,但这种对力求平等的话语权的要求又何尝不是民族的进步? 这是对我们传统文化的一种挑战,教师要做的,是让传统文化与"互联网+"时代的文化思想衔接起来,让学生平稳过渡,而不是单纯受前代人的压制。

四、师生彼此尊重与悦纳是前提

纵观整个案例,"校服怎么穿都难看"这样一句网络言论并非大是大非问题。虽然当时班主任抱着"生怕同学盲从、引发更大的负面舆论"的心情才介入的,但介入的方式过于简单粗暴。

其一,教师应爱护学生的自尊心。被教师在班级群里指名批评,且言辞犀利,这让小文同学的面子受损,他不仅继续和教师在网上争执,而且也破坏了师生之间的和谐关系,让后续的沟通更不畅。

其二,教师批评小文同学"用狭隘的眼光看待世界",是给他一句小小的不当言语套上一顶大大的帽子。教师应就事论事,指出他言行不足之处即可,不必上纲上线,这会让学生感到非常不适与委屈。

其三,教师可以借助班委或其他学生的力量去阻止小文的不当言论。比如,私信给班委，让他在群里劝说。一般情况下中学生更愿意接受同学的劝说，这样事情亦可小而化之。

总之，在突发事件发生时，教师应冷静分析，不宜"急中出错"。要始终以平等、尊重的态度呵护每一位学生的成长，以包容的胸怀悦纳学生的每一次迷茫与错误。

第三章

指向精神滋养的文化建设

班级文化要有助于学生在潜移默化的文化浸润中树立积极向上的人生观和价值观，形成健全人格，塑造高雅的审美能力，增强社会与情感能力，体现对学生的发展、需要、成长、价值等方面的关怀。在建设班级文化的过程中应尊重学生的身心发展规律、认知特点、发展需要，制订不同的目标，设计不同的文化建设形式，并给学生提供参与班级文化建设的权利、试错的机会和成长的空间，体会自我表现的成就感、合作互助的幸福感、主动发展的自豪感。

第一节　理论概述

班级建设指向学生精神生活的开拓,使他们主动追求更高尚的精神境界。要达成这一目标,建设指向精神滋养的班级文化就成为班主任的重要职责。班级文化是班集体的灵魂,是班级特色和学生特色相融后展现出来的独特精神,它时刻代表着班级的形象,同时又约束着班级成员的行为。在优秀的班级文化的影响下,每一位学生都能得到正向的发展,班级也会更加紧密团结。当学生处于健康文明、充满生机的班级文化中时,会自觉体验到精神拔节生长的尊严感与成就感;当他们自发主动地参与班级文化建设的过程中时,班级文化才能绽放出源源不竭的发展活力。

一、概念界定

班级文化是一种隐形的教育力量,是特定的文化环境,是班级内部形成的独特的价值观,是师生为了实现班级目标而共同创建的理想信念、共同遵循的行为准则、共同追求的价值观念的总和。文明有序、优美雅致、积极向上的班级文化能对学生的发展起到引导、熏陶等良好、深刻的教育作用,达到"以文化人"的效果。

班级文化可以分为三个层面:首先是物质文化层面,一个整洁雅致、激发人向上的物质文化环境;其次是制度文化层面,各种班级规约,构成简约有效的制度化环境;第三是精神文化层面,是关于班、学校、社会、人生、世界、价值的各种观念。这些昂扬向上的观念弥漫在班级的每一个角落,潜移默化地影响着学生。

二、价值意义

班级文化能对学生形成潜移默化的感染、熏陶和渗透作用,从多方面影响学生的心理、精神面貌和言语行为,在无形中促成学生的精神成长。建设有情怀、有温度的班级文化,有助于进行价值引领,培育人格健全、品行优良的未来公民。

1. 班级文化有助于学生树立正确的理想信念和价值观

优秀的班级文化能向学生展现科学的价值观念,在潜移默化的浸润中引领他们树立积极向上的人生观和价值观,使之成为道德高尚、有责任感、追求真理、人格健全的人。需要注意的是,不仅是教室中张贴的榜样故事、标语口号、名言警句,建设班级文化的过程更能体现班级文化的育人价值:同学们民主讨论、积极奉献、友善合作，在讨论过程中因为对正能量的认可和追求而自主确定了把哪些内容作为班级文化，这些都能激励学生奋发有为和担当使命。

2. 班级文化有助于学生提高良好的个人修养

制度是文化建设的自我觉醒，它是介于有形的物质文化和无形的精神文化之间的物质化的心理和意识化的物质。班级制度文化既是外显的各种规章制度，也是内化于心的自觉意识。当制度不是自上而下、冷冰冰的条条框框，而是以人为本、共同认可的规则时，每位学生都会自觉遵守，从而在构建一个文明有序的班集体的同时，还获得了根植于内心的修养、无需提醒的自觉、以约束为前提的自由、为别人着想的善良。

3. 班级文化有助于学生塑造高雅的审美能力

优秀的班级文化具有认知、教育、审美等功能，它能满足个体的审美需求、尊重个性发展，通过情感渗透和心灵陶冶，启迪人生智慧，树立高尚情操，促使人的全面发展。整洁、明亮且充满温馨氛围的教室环境，能为学生提供直观的美的享受。学生在这里陶冶情操，激发内心情感，更在无形中提升了审美品位。良好的班级文化环境将对学生的成长产生春风化雨般的影响，能愉悦身心、启迪智慧，营造积极向上、文明和谐的校园氛围。

4. 班级文化有助于学生增强社会与情感能力

班级文化作为师生共同认可的行为准则与价值追求，能增强集体荣誉感、认同感与自豪感。在富有凝聚力、尊重包容的班级氛围下，学生会产生归属感，从而增加亲社会行为，减少破坏性行为和攻击性行为。在安全公正、信任和谐、激励参与的班级文化下，学生会更愿意表达自己的看法和需求，建立健康的人际关系，学会合作与正确地解决冲突，成为有责任感、懂得友善互助的社会公民。

三、遵循原则

1. 体现价值引领

教育的根本任务是立德树人，因此在构建班级文化时要以培育学生的品德、素养为核心。班主任应重视班级文化"价值引领"的作用，以多种形式展现社会主义核心价值观，在潜移默化中熏陶、激发学生成为精神境界更高尚的人。

每一句标语、每一个摆件，都传递出对高尚的道德情操的追求；展现的每一份优秀作品都是激励学生向上向善的动力源泉。学生会不自觉地对标班级文化所倡导的榜样,在这种成长性的心理暗示下成长为更好的自己。

价值引领下的班级文化浸润着学生的精神成长,也蕴含着区域和学校的育人理念。班级文化是学校文化的缩影,它应与学校的办学理念和育人目标一致。在构建班级文化时,应首先考虑区域与学校的办学理念和育人目标,围绕其目标来规划、设计班级的特色文化,助推学生全面而有个性发展。

2. 符合学段特点

小学、初中、高中各学段的学生认知能力有差异,其价值追求和教育呈现方式也不同。

根据《中小学德育工作指南》对"德育目标"的阐释,小学阶段侧重于习惯的培养,要"养成良好生活和行为习惯",初中阶段则要"掌握促进身心健康发展的途径和方法",高中要"初步形成正确的世界观、人生观和价值观"。在"道德培养"方面,小学生需要"理解日常生活的道德规范和文明礼貌",初中生则需要"理解基本的社会规范和道德规范",高中生则需要具备"社会责任感和民主法治观念",并能"运用马克思主义基本观点和方法观察问题、分析问题和解决问题"。在"文化传承"方面,小学阶段需要达到"了解",而初中学段则需要"认同和继承",高中学段需要达成"增强民族自尊心、自信心和自豪感"。

可见,随着年龄的增长,学生德育成长的目标也随之提升。在班级文化建设方面,我们也需要循序渐进,根据不同学段学生的身心发展规律制订不同的目标、设计不同的文化建设形式。比如,小学阶段侧重于形象生动、激励性更突出的教育方式,以培养学生的习惯、规范为中心;高中阶段侧重于培养学生的思辨性思维。

3. 突出学生主体

构建班级文化应坚持以学生为中心,突出其主体地位,确保学生在班级文化中切实得到成长。

在制订班级文化建设的目标时,应充分考虑本班学生的认知特点和价值追求,在此基础上进行引领,而非将班主任的理念生硬地灌输给学生,不顾其实际发展需要。

在策划班级文化建设的过程中,应搭建学生自主设计、自主实践的平台,给他们参与的权利、试错的机会和成长的空间。班级文化的价值引领不仅体现在最后呈现的结果，更体现在建设的过程中。建设怎样的班级文化？怎样建设？……这些问题应由师生共同讨论决定，思考和讨论的过程就是班集体逐渐形成的过程。

　　班级文化是师生共同合作与创造的产物，班主任要充分尊重、相信、依靠学生，激励学生以主人翁的姿态参与班级文化的建设，鼓励他们自己策划、自己选择、自己实施，为学生提供发挥才能、自我管理的平台，激发每个人的生命活力。不同特点、能力和性格的学生都可以在丰富多彩的表现形式中找到自己能做的、愿意做的、希望做的事，在此过程中体会自我表现的成就感、合作互助的幸福感、主动发展的自豪感。结合区域、学校的育人目标，以及本班学生的特点和特长，经过民主讨论，以班级特色为抓手，最终形成序列的、长程式、整体的班级文化设计和构建。

第二节 班级文化与流行文化相碰撞，怎么办
——辨析流行元素 增进文化相融

随着社会的发展，各种思想和多元文化涌入我们的社会和生活，对青少年产生了巨大的影响。青少年处在价值观形成和是非观确立的关键时期，青少年的价值取向决定着整个国家的未来走向。面对流行文化、网络文化对传统文化和班级文化的冲撞，班主任通过班级文化建设引导学生树立正确的理想信念价值观是新时代对教育提出的重要任务之一。

【现象扫描】

随着互联网的蓬勃发展，学生课余耗费在抖音直播、B站视频、动漫、流量明星、游戏上的时间越来越多。在近年来的网络热点话题中，青少年追星案例比比皆是。其中不乏偏激极端的案例，如有的学生为了给明星投票打榜买了牛奶不喝却白白倒掉，有的学生花钱请人在机场代拍偶像，逃课去帮明星造势，还有些学生痴迷于二次元文化，他们将自己的笔袋装饰成一个展示台，插满了各种各样的"周边"卡片，贴着各式各样的贴纸，还别满了虚拟人物的徽章，上课的时候静静"观赏"，下课后一遍遍地临摹、绘画、创作动漫人物，甚至还为这些虚拟人物撰写同名小说，晚上熬夜在手机上学习制作视频的方法，为自己喜欢的二次元动漫制作视频等。

在青少年群体中，深受流行元素和网络文化影响的学生不在少数，为了所谓的快乐，他们不顾后果、费尽心思，把时间和精力耗费在没完没了的游戏充币、明码标价的明星见面会、质量粗劣的昂贵"周边"上。学生的兴趣爱好与社会流行元素产生了很大的关联度，这也对学生身心健康和正确价值观的形成造成严重的危害。具体表现在：

一、价值观异化

在追星的过程中，学生羡慕明星光鲜亮丽的外表、富有奢侈的生活、轻轻松松赚钱。受媒体选秀等节目的影响，他们看到选手一夜成名，认为成功有捷径。面对学习，他们不愿努力付出，天天梦想着当博主、当明星，幻想着躺赢挣钱，不劳而获。这样不仅荒废了学业，还影响到正确劳动观的形成。

还有学生认为,追星不消费,那不是追星,更不是真爱。他们为偶像打榜、刷应援,高消费追求偶像同款和"周边",购买五位数的邀请函、四位数的演唱会门票,这种异化了的"爱"和盲目的消费情况,影响了正确消费观和劳动观的形成,也让他们养成不良的消费习惯,不能珍惜父母的劳动成果。

二、言行无状

随着网络流行语在学生群体中的传播,学生爱说的"烂梗"越来越多,有些学生甚至不清楚所用的"梗"的具体意义,只是在无知的状态下模仿别人,还有学生在作文中也频繁冒出"芭比Q了""绝绝子"等网络流行词。这些随意、粗俗的语言破坏了语言的规范性,降低了学生的语言水平和思维能力。一旦形成个体的话语风格,容易造成交际障碍。

许多动漫和游戏中的言行还有可能影响学生现实中的言行,会使他们沉浸在其中,而使他们受到潜在不良的影响。学生网络上养成的随意插嘴、恣意而为、用语不文明等不良习惯,也使他们在现实生活中缺乏场合感和分寸感。这些经过网络包装后的粗俗也污染了学生的话语系统,影响了表达的逻辑。

三、性格扭曲

学生一旦沉迷于网络、动漫、追星,很容易深陷其中而不能自拔。他们一有时间就沉浸在动漫的欣赏和创作中,极少和同学进行交流沟通。也许刚开始时是没有时间与父母、同学和老师沟通,到后来就不愿意与他人交往,慢慢地就不会与人交往了。久而久之,他们与现实生活脱节,与社会交往不足,社会情感发展不健全,导致性格慢慢趋向易怒、偏执、孤僻。

四、审美畸形

学生追星,无论是现实生活中的明星还是虚拟二次元人物,他们更关注偶像外在的形象,对美的理解单调、粗俗,流于表面。学生临摹的动漫人物形象千篇一律:波浪式大卷发、瓜子脸、大眼睛、消瘦的身材、暴露的衣着。这种只追求外在美而忽略内在美的行为,不仅会影响学生对美的理解和表达,更会影响他们的审美情趣和价值判断。

五、目标迷失

学生沉迷动漫、追星、网游,往往会投入大量的时间、精力和金钱。喜欢动漫的,上课沉迷于欣赏卡牌,课余时间沉迷于追动漫、创作动漫;喜欢追星的,不是在关注偶像的动态,就是在为偶像"打 call";喜欢网游的,不是在玩游戏,就是在交流玩游戏的心得。这种注意力聚焦在学习之外的情况,导致他们上课学习效率低下,作业马虎,处于"被动学习"的状态。如果情况恶化下去,就会迷失自我,丧失斗志和追求。

【归因分析】

为什么青少年容易受到流行文化的影响,对事物的判断、选择与追求趋于肤浅化、粗俗化、泛娱乐化? 流行文化的特点、教育不得法及青少年的发展需求都是造成这些现象的原因。

一、网络环境改变行为方式

网络强大的信息处理功能、及时的交互能力、便捷的沟通方式和个性化的服务意识等丰富了青少年的生活,满足了他们发展兴趣爱好的需求,也让游戏、动漫、追星、二次元等网络文化和流行元素的快速传播成为可能。根据 2022 年的统计数据,中国网民中青少年占比达到了 50% 左右。随着互联网的快速发展,青少年的上网时间也在逐年增长,他们的网络使用行为也在逐渐改变。随着网络社交平台和游戏平台上各种网络热梗、网络潮词的广泛使用,学生受流行文化的影响也越来越大。

二、同辈作用形成行为裹挟

青少年成长从属于同辈群体。在同辈群体中,拥有比较相近或类似的兴趣爱好和价值观,经常会成为被群体接纳的关键因素。为了能更好地融入群体中,并获得同辈的认同,青少年往往会调整自己的行为方式和价值追求以适应群体的价值观。通过彼此间的相互影响和模仿,相类似的经历和共同的情感体验,更加深了他们对群体价值观的认同。因而,当流行文化受到群体中部分个体的关注时,在同化作用下,群体中的其他个体也会模仿。

三、追星过程缺少科学引导

追星是学生的情绪投射和自我表达。青少年钦佩什么样的偶像，就意味着他们把理想自我的形象投射到偶像身上，希望未来自己也能成为这样的人。对学生只关注偶像外在的着装、打扮、言行等行为，学校教育和家庭教育没有给予足够的重视和及时的介入。面对孩子从追星到陷入"偶像饭圈"，家长抱怨多引导少，没有关注孩子的发展需求，也没有及时的方法指导。这种浅层次的偶像崇拜行为让学生变得肤浅和虚荣，形成不正确的价值观。

四、媒体宣传造成从众心理

青春期的学生身心发育迅速，但是心理成熟度低于生理的成熟度。他们好奇心强、热爱时尚、崇尚个性、可塑性强，但心智还不够成熟，缺乏应对经验，判断力和自制力相对薄弱，对诱惑的抵抗能力差。当受到大众传媒的影响时，他们很容易认可、模仿和接受。尤其在从众心理的影响下，他们会在自己的知觉、判断、认识上表现出符合于公众舆论或多数人的行为方式。这虽然能帮助学生建立社交关系，为他们提供情感支持。但是，缺乏独立分析和思考，不顾是非曲直的随波逐流，也会带来价值观及行为的裹挟。

【实践探索】

一、文化浸润，丰盈精神世界

教室是学生每天生活的空间，通过对教室的精心布置，能形成良好的物理环境，让教室里的一花一草、一墙一壁都成为育人的载体，这不仅有利于学生身心的健康发展，还能以景育人、以境教人，潜移默化地真正达到育人的功能。班主任还可以通过与学生一起布置教室的过程，如与学生共同完成一个个版面，组成缤纷多彩的创意展板；与学生一起临摹名家书法作品、抄写古诗词等，在让学生感悟书法的美感与意境的同时，实现班级特色文化的创建。

当学生沉迷于流行文化带来的即时快感时，班主任需要帮助他们在纷乱繁杂的世界中找到前进的方向和动力，引导他们摒弃浮躁，沉下心来，学会思考。

比如,我们可以在班级创建读书角,通过安排固定的阅读时间、营造舒适的阅读环境、开展有趣的阅读活动,让学生沉浸在书本中,慢慢养成阅读习惯,打造净化心灵的育人环境。

二、情感唤醒,增强文化自信

通过中华传统文化与流行动漫元素相碰撞,提高学生对优秀传统文化的认同感。班主任可以通过设计一系列以中华传统文化与流行动漫元素相结合的主题班会,以增强学生对中华优秀传统文化的理解力。比如,我们可以通过展示《王者荣耀》中的皮影戏等元素,让同学们发现当下许多流行文化其实都是对优秀传统文化的继承、创新与发扬,从而提高他们对中华优秀传统文化的认同度。

我们还可以通过体验活动将偶像崇拜与榜样教育结合起来,通过"偶像榜样化"和"榜样偶像化",增强偶像的教育性和榜样的吸引力。比如,学生穿着传统服饰扮演历史伟人,以京剧表演的形式演绎英雄故事,通过亲身体验和感悟,促进学生以榜样的道德精神为基础,内化榜样的精神品质,从而改善班级文化风貌。

三、锤炼意志,促进正向行为

俗话说:"田地里不种上庄稼,就会长满杂草。"对新时代的班级文化建设亦是如此。面对"烂梗"现象,班主任可以请班委组织同学们从下而上地讨论解决方案,还可以征集优秀的"正能标语"作为班级标语进行推广,倡导学生们自觉履行。同时,班级还可以设立自主管理委员会,由自主管理委员会来督促、执行"文明用语,树高风尚"的评比活动。只要"三观"端正了,学生"烂梗"行为就能得以矫正,就可以从根本上遏制不良文化在班级中的传播。

在行为矫正的过程中,激励式评价方式也是必不可少的,它可以引领学生的价值观,帮助学生建立是非观,让学生知道哪些行为是对的,哪些行为是不对的。如我们可以开展"告别'出口成脏'"的主题教育月,通过主题演讲、角色体验、情景演绎、家庭访问、社会调查、主题班会等教育活动,让学生在亲身参与的过程中获得真实的情感体验。在这个过程中,还可以用日常行为考核来激励学生去对标自我矫正,用自评、互评、家长评、导师评的方式,及时反馈效果,不断强化学生正向行为的意识和能力。

四、行为激励，实现理性认同

首先，鼓励学生积极参加集体活动，尽量减少使用手机的时间。学校的集体活动，如运动会、社团活动、文艺活动、社区的志愿者活动等都蕴含高尚的情操、健康的精神、运动的美感。学生在参与集体活动的过程中，不仅能受到艺术的熏陶和运动热情的感染，还可以避免审美的庸俗化。

其次，指导学生挖掘自身优势，提升自我认同感。学生追星是把自己的未来投射到明星身上，希望自己也能成为舞台上熠熠生辉的人。现在的学生从小学习各种特长，乐器、绘画、棋类等，我们可以在班级中开展"我是小画家""音乐星秀场""棋类 PK"等活动，给学生搭建舞台，让学生在展现才华的同时，还能挖掘自身的优势与潜能，提升自我认同感，从而勇敢地去追逐自己的梦想。

再次，组织多样的研学活动，让学生在行走中汲取成长的力量。通过参加红色研学之旅，如拜谒中山陵和南京大屠杀遇难同胞纪念馆，一方面，可以全面深刻地了解自己国家的历史，坚定理想信念，厚植爱国情怀，把自己的青春奋斗汇入实现中华民族伟大复兴中；另一方面，也可以通过活动拉近学生与同学的人际关系，增强与他人交往的频率与深度，给学生提供真实的情感体验。

最后，开展职业体验活动，让学生走出虚拟世界，走进现实社会。在体验一门职业，感受一种文化的过程中，让学生去寻找各行各业的楷模，聆听"行业楷模"背后的故事，了解他们的精神世界，发挥"行业楷模"的育人功能，汲取行业楷模的榜样力量，引导他们跳出单一追星的圈子，挖掘身边更多美好的可追求的事物，潜移默化地让学生的偶像选择"多元化"，引导学生思考"为什么追星"？"追什么样的星"？"怎样追星"？

五、协同育人，健全支持系统

除了走出去，还可以请进来。我们可以充分挖掘家长资源，联合家委会，邀请服务明星、行业精英来校给学生们现身说法，并通过采访、提问等互动方式，让他们开阔眼界，提升境界。活动结束后，还可以通过情景剧、微论坛、写感悟的方式进行同伴交流，思想碰撞，让学生深入体会究竟什么才是真正的职业精神、劳模精神，明白什么才是应追求的。

在这个过程中,作为孩子的第一任老师,家长的支持、配合尤为重要。我们要有协同意识,从班名、班徽、班训的设计到各项制度的制定、环境的布置、活动的开展,都可以邀请家长一起来参与。我们还要指导家长关注家庭生活中的流行文化对家庭教育的冲击,要鼓励家长做好孩子言行举止的监督者、心灵成长的守护者、价值取向的引领者,家班共育,共同助力孩子健康成长。

面对流行文化对班级文化的冲击,我们既要看到过分盲目的追星和沉迷二次元等行为对学生学习和生活的影响,以及劣迹明星不良行为产生的负面影响。更要看到流行文化对学生正面积极的影响力,有利于学生发展自身兴趣爱好,激发内驱力。作为班主任,我们要用积极的心态接纳时代赋予的命题,认真分析研判学生喜爱的流行元素,主动整合主流文化与流行元素,形成学生与主流话语之间的黏性,通过班级文化建设将正确的理想信念价值观植入学生不同层次的思想、认知和需求。

文化育人先育心,班主任要巧引智导,建设心田,带动成长,涵养生命。让班级文化成为学生个性化发展的源泉,培养明辨网络优劣文化的能力。让班级充满积极进取的文化氛围,引导学生形成正确的审美取向。用班级文化启迪智慧陶冶性情,引领学生健康成长。流行文化不是拦路猛虎,文化相融,让班级文化建设如虎添翼。引导积极思想,融合流行元素,携手共建班级文化新风尚。

第三节　班级环境布置育人功能不强，怎么办

——契合育人目标　形成班级特色

蒙台梭利说过："在教育上，环境所扮演的角色相当重要，因为孩子从环境中吸取所有的东西，并将其融入自己的生命中。"教室是学生在校学习和生活的主要场所，温馨的教室环境、人性化的布置潜移默化地滋养着学生，在让学生有归属感的同时，还有利于班级特色文化的形成和学生价值观的培育。

【现象扫描】

"咦，我六年级时画的国庆小报现在还贴在展板上呢。"九（1）班小 A 同学的一声惊呼引起了班级其他同学的注意。"有什么稀奇，我六年级画的国庆小报也贴着呢，喏，就在那边那块展板上。"同班同学小 B 说道。"展板上一直是这些内容，反复在展示，三年多了，早看腻了！"小 C 同学加入了讨论。"就是就是，你们看，这边这块展板上展示着小 D 同学写的《我的理想》这篇习作，她的理想是成为一名'网红主播'，因为直播时会得到许多打赏呢。"小 A 继续说道。小 B 感叹道，"原来网红赚钱这么容易呀，我长大也要当网红，现在不用功读书也没有关系，很多网红文化水平也不高呀。来来来，我给你们读一句小 D 作文中的话啊。'欢迎来到直播间，点关注不迷路，一言不合刷礼物。'你们说我学得像不像呀，哈哈哈。""你学得好像呀。""你说得真有道理。"小 A、小 C 一起附和道。听了班里三位同学的讨论，班主任无语了……

【归因分析】

班级环境布置育人功能不强的主要原因如下：

一、教室环境布置规划性不够

教室环境布置要有详细的规划和设计。有些班主任在班级环境布置中容易出现内容杂乱、没有主题、教室布置缺少整体感的情况。在班级的环境文化建设过程中，课桌椅的摆放，布告栏张贴的内容，黑板报用的标题和图文，读书角、绿化角、心理角的设计和管理等都要有明确的要求和规范，确保教室干净整洁，教室布置有主题、有设计、有文化。

二、教室环境布置适切性不强

教室环境布置要符合学习要求、学生的年龄特点、班级学生的兴趣爱好、班级特色创建等。有的教室布置过于娱乐化，墙上有偶像画报、桌上有动漫"周边"、一体机上有流行屏保、讲台边有休闲高脚凳，走进教室就像走进休闲场所。虽然教室布置满足了学生的喜好，但作为学生在校学习的主要场所，教室布置应尽量减少干扰因素，与教室的功能相符。有的教室布置更新不够，正如案例所呈现的，学生发展了，教室布置不变，必然不符合学生的需求。

三、教室环境布置导向性不明

教室作为育人的主要场所，教室的环境布置首先应考虑其育人功能。如果教室环境布置过于时尚泛娱乐化、过于随意没有特色、过于呆板缺少温度，都不利于学生的健康成长。随意张贴的标语和画报、动漫二次元为主角的读书角、满纸都是"潮词""热梗"的学生作品等会让班级的环境文化的价值导向不明。此外，教室环境布置以及布置环境的过程都是班主任育人的资源。教室布置不是某几个人的事情，而是全体师生共同建设温馨家园的过程，应该激发学生的主人翁意识，鼓励大家一起参与，要集思广益，相互沟通，达成一致，以建立符合班级学生特点和价值追求的特色班级文化为目标。

【实践探索】

我们要根据班情、学情和建班特色，充分利用班级空间进行设计和布置，让教室的"每一堵墙"都成为"无声的导师"，让每一个角落都会"说话"。

一、聚焦目标，精心规划

1. 明确主题，显育人价值

班级环境文化建设能折射出班级学生的精神面貌、班风和学风，它承载着班主任建班育人的理念和价值追求，反映班级学生的文明素养、审美情趣和精神追求等，体现润物细无声的育人功能和价值导向。班级环境布置最好能主题化，根据班级建设目标和特色活动来确定主题，如阅读主题、安全主题、感恩主题、劳动主题与环保主题等,使得外在环境的育人氛围和主题活动的育人目标相契合,营造全方位的育人场。

2. 长程设计,显建班特色

班级环境布置是班集体形成的重要一环,特色班集体创建过程也是班级特色文化形成的过程。班主任在进行班级环境布置时,要针对班级建设目标和学生培养目标,分析学情、了解需求、做好评估,分年级、分主题、分阶段地做好长程设计,让班级环境文化建设与班级特色创建统一,相辅相成。

3. 与时俱进,显时代特征

青春期的学生好奇心重,时代感强,喜欢尝试新事物,对美好生活充满了憧憬。富有创意的班级文化创建活动,彰显时代特征,符合审美情趣,充满勃勃生机,极大地满足了学生自主发展的需求。比如,为了让初入中学的学生尽快对班级拥有归属感和集体意识,班主任创设情境,让学生扮演角色,以一种集体"过家家"的形式来进行班级环境文化建设。这种充满趣味性和代入感的体验过程,让学生很快接受并认可自己的新身份,也鼓励集体中的每个人去大胆尝试、主动分享、乐于合作。

二、遵循规律,动态调整

1. 生长性

班级环境文化建设应与学生发展需求相一致。一般情况下,特定的环境会引发个体相应的情感体验和心理感受,影响个体的行为模式。因此,在进行班级环境布置的时候,要根据学生发展现状和班级教育目标动态地调整主题、内容和形式,让班级环境文化不仅展示学生的精神面貌,也记录学生的成长轨迹。不仅要有"风采展示区""榜样示范区"的布置,还要设计"争章栏""每日一星""一日常规评比"等板块,让学生的成长可视化,让班级的氛围生动化,让优秀成为一种习惯。

2. 趣味性

如果学生长期生活和学习在"脏、乱、差"的环境中,就会影响到良好习惯的养成和身心的健康发展。班级环境布置除了要营造一个温馨、和谐、舒适、整洁的文化氛围,还要充分考虑学生的兴趣爱好和情绪体验。一般明快的色彩、有趣的创建活动、动态的呈现形式、立体多维的设计都能吸引学生参与到环境布置中,发挥他们的想象力和创造力,让教室里的每一面墙、每一张图、每一个人都能发挥育人功能。

3. 系列性

教育不是一个偶尔的灵感顿生而成的终点,教育是一种行为,是日复一日的坚持。这就要求我们在环境文化建设时做到不急功近利,不拔苗助长,通过系列化的环境建设熏陶,在正确的方向上持续用力。比如,想在班级中通过环境布置加强"文明礼仪"主题教育,可以通过"知礼·明礼·学礼"三个阶段的系列化展板;开展安全教育宣传活动,可以通过"敬畏规则·珍爱生命·健康生活"三个阶段的系列化环境布置。系列化的环境布置营造了理想的育人氛围,从而实现以景育人,以境育人。

三、正确导向,守正创新

1. 全体参与

班级环境文化是班级文化建设的重要载体,突出主人翁意识的环境创建能帮助学生明确角色定位,激发责任感和自主管理意识。班主任要鼓励学生积极参与班级环境文化建设:大家集思广益确定主题,各显所长完成布置,擅长画画的负责美工,文笔好的负责内容,动手能力强的负责制作,画面感强的负责张贴。让教室每一面墙会说话:班级标识、激励性标语、班级公约、学习园地、劳动争章栏等,每一个布置元素都由学生自主设计,每一面墙都体现学生才是班级的主人。在这样的环境熏染下,学生容易产生满足感和存在感,能更好地激发自主发展意识。

2. 特色凸显

我们在进行班级环境文化建设时,可以结合班级特色创建的目标、班级名、班级口号、班主任寄语等,如以"国防教育"为特色的班级可以在班中增加建设"国防角""航海角"等独具班级特色的内容,这些内容无形中向孩子们传递了积极向上的正能量,启迪学生从"知"到"行"。如名为"百舸"的班级,班主任在班级环境布置时把班级公告栏称为"百舸码头",取船只停靠码头时交流信息的场景;班级争章栏称为"百舸渔市",取船只出航撒网收获后的丰收场景,作为红领巾征章活动的收获映射;班级风采展示栏称为"芦荡渔歌",取渔民在水上航船时互相唱和、抒发情感、交流想法的场面。班级的各个角落充满了"百舸"的暗示,各版面之间具有紧密相连而非分散的关系。

3. 导向正确

墨子云:"人性如素丝,染于苍则苍,染于黄则黄。"班级环境文化建设需坚持把"立德树人"作为根本任务。展示内容无小事,哪怕是一字一词、一图一画,都不能有任何疏忽。也就是说班级环境文化建设中,我们要对社会主义核心价值观、时代要求深刻把握,具备传承文化自信、育人铸魂的责任感,始终坚持党的教育方针和正确价值导向,弘扬社会主义核心价值观、坚定文化自信,坚决守住价值观防线,为培养德、智、体、美、劳全面发展的社会主义建设者和接班人提供坚实有力的保障。

第四节 学生审美品位浅薄庸俗，怎么办
——拓宽生活时空 提升思维品质

随着网络时代的到来，学生的审美能力和人文内涵逐渐缺失，出现了审美娱乐化、从众化等问题。作为班主任，我们必须运用各种积极有效的手段对学生的审美情趣进行积极正向的引导，辨别低俗的娱乐误区，发现高雅的生活情趣，注重经典文化的滋养，提升审美品位，发展审美理性，从而引导个人的总体价值观和思维模式向健康的方向发展。

【现象扫描】

小施同学近来变化很大：作为体育委员的他原本活泼开朗，性情随和，富有探索精神。可最近总是上课打瞌睡，下课时常常一个人发呆，作业也无法认真完成。为人谦逊有礼的他，竟然时不时地爆粗口，前两天还和同学打架。

班主任小周老师急在心里，问他："你最近怎么啦？回家做什么呢？"

小施同学说："老师，我最近看网络小说，《都市傲世霸王》，可好看了！"

小周老师问："这是什么小说？讲什么内容？"

小施同学说："爽文啊！男主人公啥都不干，有钱有势还有女朋友！"

原来，小施最近迷恋上了网络小说，修仙玄幻、霸道总裁，这些小说中"一夜成名""一夜暴富"的"爽点"情节和光怪陆离的情景深深吸引了他。起先，他只是抱着做完作业放松一下的心态，只是在睡觉前看几章。后来，到了一天不看就不能入睡的地步，所有的课余时间都用在看网络小说上；有时他还会半夜醒过来查看更新。每天深夜，他都会躲在被窝里蒙着头看，伴着手机屏发出的幽幽蓝光，他感到自己也和主人公一样，得到了现实生活中不可能有的名利和权势。

近年来，随着网络技术的普及，网络文化中一些短、平、快，甚至庸俗化的内容，给学生的审美导向和价值观塑造带来了巨大的冲击。动漫已成为大部分学生休闲娱乐的第一选择，网络小说凭借浅显的文字和主人公顺风顺水、升级神速的情节，让很多学生沉浸其中，名著经典却鲜少涉猎。抖音等网站上的搞笑、低俗的视频也因"新鲜有趣"和"不用思考"而占据了学生大量课余时间。他们对美好事物的判断出现了娱乐化、世俗化与肤浅化的倾向。

【归因分析】

一、无法正确排遣内心的压力

从人的成长阶段来看,生理的不成熟性和心理的不稳定性是小施同学这个年龄段学生的显著特点。他有着寻求新奇、善于幻想、渴望交流和娱乐的强烈需求,而网络所具有的新奇性、娱乐性、游戏性,正好满足了这种特殊需求。

面对中高考的压力,学生的心理需求得不到满足,也无处诉说苦闷、无力排遣压力,于是选择了网络快餐阅读、短视频等方式,用虚幻的故事、有趣的情节来麻痹自己,逃避现实。爽文虽然浅显无内涵,却能让学生忘却困扰、释放压力、舒缓心情。

二、受到不良环境的负面影响

学生正处于青春期发育阶段,身心发展正处于半幼稚半成熟期,其价值观受同伴、网络、社会舆论的影响极大。他们渴望得到同伴的认可,因此行为和心理极易受到同伴的左右和影响。社会上一夜暴富、一夜成名、不劳而获的现象对学生造成了负面影响,使他们变得"眼高手低"——想达到目标却不愿付出,网络小说中主人公"天赋异禀"和"奇妙际遇"加剧了错误观点对学生的影响,并让学生深陷其中。

三、未得到家长适时的生活指导

大多数学生的家庭教育侧重于学业、特长培养,家长忽视了引导孩子养成健康积极的生活方式,似乎只要孩子吃饱穿暖、认真读书、不惹是生非就够了,至于课余时间有什么兴趣爱好则放手不管。由于缺少指导,学生不知道如何安排积极有意义的课余生活,再加上独生子女无人陪伴、课业压力较大,学生生活单调无趣,自然会选择浅显新鲜的网络文化作为消遣。

【实践探索】

一、优化家庭教育,创造和谐的亲子环境

家庭教育对孩子的影响很大,优秀的家庭环境,会对孩子起到良好的熏陶作用,促进孩子全面、健康、快乐地成长。

班主任应利用家长会、家长学校、微信推送等方式,指导家长重视学生的审美能力教育。可以采用以下方法:

1. 陪伴与示范。家长在繁忙的工作之外,尽可能抽出时间陪伴孩子,和他们一起做一些积极的事来共度周末和假期,如户外运动、兴趣探究与家庭活动等。以培养阅读习惯为例,家长要与孩子一起读孩子读的书,从孩子视角看待问题和世界,成为手不释卷的示范者,让孩子在家庭环境中耳濡目染,潜移默化。家长还要带孩子走进图书馆、书店,让孩子在书海中发现自己的兴趣,体验开卷有益的乐趣。同时,还要搭建孩子与伙伴、家长甚至教师分享阅读成果的平台。

2. 尊重与耐心。面对学生沉迷于网络小说、视频等行为,家长不能简单粗暴地斥责压服,不能先入为主地做出"低俗"的判断,要耐心沟通,真诚、平等地与其对话,找到他们的心理动机,耐心地分析问题的利弊,找出对策,根据他们的心理和个性特点培养健康的兴趣爱好,形成正确的审美价值取向,为孩子的终身发展奠定基石。

二、拓宽生活时空,培养健康的兴趣爱好

根据学生精力旺盛、好动、好奇的心理特点,班主任要积极组织和开展各种适合他们年龄特点的活动,把课余时间还给孩子,把他们吸引到活动中来、吸引到现实世界中来,从而使他们充沛的精力得到正常的发挥和施展。同时,满足学生合理的要求,提供时间、空间让他们发现自我,发展有益的兴趣爱好。

班主任可以组织学生开展丰富多彩的艺术活动,如歌唱演绎、舞蹈表演、诗歌朗诵、戏剧表演、器乐演奏、佳作撰写、绘画创作、摄影创作……让学生亲自投入一切关于"美"的活动,这不仅能丰富他们的课余生活,提供展现风采的平台,培养健康的审美情趣,还能把学生从虚拟的网络世界拉回真实世界,体验创作的充实与幸福,锻炼艺术活动过程中必需的意志力、合作能力。班主任还可以利用网络技术,开展关于艺术创作的评比或线上交流,不仅开拓了活动内容,更可以激励学生的创作热情,促进班级团结和谐的氛围。

三、营造优雅氛围,建立高雅的审美品位

教育家苏霍姆林斯基曾经说过,"无论是种植花草树木,还是悬挂图片标语,或是利用墙报,我们都将从审美的高度深入规划,以便挖掘其潜移默化的育人功

能,并最终连学校的墙壁也在说话"。

除了教室环境的布置,班主任还可以组织艺术审美活动来提高学生的情趣和品位。班主任可以利用课间、午休、班会等时间播放高雅音乐,组织学生观看经典电影,还可以带领学生走进音乐厅、电影院、美术展等,在增加他们艺术相关知识的同时,更可以在潜移默化中引导学生感受高雅艺术作品中的"真善美"。

四、提倡经典阅读,构建深刻的思维品质

我们不仅要关注学生有什么兴趣爱好,还要了解他们是怎么做的。同样是阅读,只会快餐阅读、浅阅读是令人担忧的。读什么书和培养阅读兴趣同样重要,如果仅仅阅读某些轻松、有趣的作品,对人的审美素养、思维提升没有什么帮助。经典作品中的人文精神、思想智慧与美学意蕴,都是流行作品中所缺少的。尤其是中国的经典文学艺术作品,更传承着中国传统文化精髓与价值观。因此,班主任可以开展以"经典"为核心的阅读、观摩活动,引导学生认识、理解中华优秀传统文化。在以开放的胸怀拥抱整个世界时,传统的力量能让我们"修仁德之美,彰歌舞之美,享吉福之美,抒玄妙之美,绘雅韵之美",更加睿智、坚定地走向更远的未来。

第五节 班级缺乏正面的舆论导向,怎么办

——强化主体意识 夯实文化基础

随着社会的发展,学生的成长环境中充满了各种主流、非主流的文化。面对未知的领域,好奇心重、价值观和是非观还未完全形成的中学生很容易受到社会舆论的影响。许多班级都会碰到班风不正,形成非主流班级舆论,甚至存在传播负面、消极价值观的舆论形态的问题。在班级建设方面,如何优化班级文化,形成积极的班级舆论,已经成为班主任极有探究价值的课题。

【现象扫描】

《中国教育报》曾经登载过这样一个案例:

在刘老师班上,一个家境很差、成绩也差的学生放学后含着泪跑到刘老师那里,强烈要求换座位。原来,有一天,几个坐在他前后的学生不知为什么开始议论起他来。"他家里没有钱,他婆婆又是吃低保的。"一个学生说。"不是吃低保,是捡破烂的。"另一个瞄着他补充道。"他爸爸是吸毒的,根本挣不到钱。"第三个学生兴奋地插话。

班会课上,刘老师对这些学生包含歧视的做法进行严厉的批评,并旗帜鲜明地表明自己的观点:"爱的能力,同情的能力,尊重他人的能力,比其他任何东西都重要!"但是,这又出乎意料地导致那些孩子的仇恨——他们不恨老师,却恨背后向老师"告密"的同学,恨这个不懂"人情世故"的同学……

案例中,面对这个家庭和学习都很困难的学生,部分学生不仅不给予同情、关爱和尊重,反而冷眼相对,毫无顾忌地排斥他、嘲笑他、羞辱他,而班主任在班会课上的批评教育也没有起到良好的效果。在面对这种班集体舆论时,班主任该如何有效处理呢?

【归因分析】

在实际工作中,很多班主任都像刘老师一样,花费了大量的时间和精力抓纪律、管学习、搞卫生……可班级依然如一盘散沙,学分班风不正、小群体抱团、消极舆论横行。主要原因有以下几方面。

一、班级舆论的形成没有得到及时的引导

虽然新接班的班主任能通过家访、谈话等形式了解班级学生的家庭情况、社会背景,但是对学生成长的文化背景、兴趣爱好了解不多。班主任虽然也会和学生聊聊他们日常关注的热点话题,但形式仅局限于个别谈话和日常观察,比较单一。当学生群体中产生舆论时,班主任要及时给予回应和引导,关注学生文化中与主流文化一致的内容,对积极舆论加以鼓励;对非主流和消极舆论,不能任其发展。若在消极舆论萌芽和形成阶段不加处置,一旦形成气候,不仅难以处置,而且会造成很大的负面影响。

二、班级舆论的形成缺少持续动力支持

虽然大多数班主任能通过布置教室、主题班会、体验活动等形式弘扬主流价值观,宣传积极舆论,但是缺乏后续跟进的方法。面对班级文化建设,尤其是形成积极舆论方面很难找到着力点。有的学生在思想上能认识到,但落实到行为上就有了偏差。可见,班主任在优化班级文化方面还是缺乏策略和经验,没有形成机制。

三、班级舆论的形成忽略学生主体意识

把班集体还给学生,在班集体建设过程中要充分发挥全体学生的主体意识,在班级公约的制订、教室布置环境、各项活动开展与班级事务讨论等方面都要尽可能让学生参与进来。反复讨论协商的过程,就是班级价值观形成的过程。学生的主体地位在班级建设中得到强化,提升了他们的集体意识和归属感。面对负面舆论和非主流文化时,学生都能主动行为,自觉抵制。

【实践探索】

班级文化是一种隐形的教育力量,班级舆论是良好的班级文化的重要标志。优化班级文化,形成积极的班级舆论是班主任开展引导工作的重要手段。

一、创设环境文化,营造积极舆论形成的氛围

环境文化属于班级文化的硬件,是班级文化中的实体部分,它是看得见摸得

着的,是班级的显性文化。通过对教室环境的布置和创设,构造一种外部的文化环境,从而营造积极舆论形成的氛围。班级环境文化的创设包括卫生文化、绿化文化、墙壁文化、图书文化与宣传媒体文化等多个类别。下面重点谈谈墙壁文化和宣传媒体文化对促进班级积极舆论形成的具体做法。

1. 墙壁文化

墙报是对学生进行德育教育的重要阵地之一;精心设计的墙报,可以使学生得到美的熏陶。班主任可以指导学生自主设计墙报,选插图、画报头、确定文章等,还可向全班征稿,以此激发学生的写作兴趣。充分利用墙报两侧的墙壁,可以设计几个模块,如"师生连心桥""风采展示园""班级明星角"等,给学生一片天地,让他们相互交流,展示学生文化。教室门口的墙壁上还可以张贴班级的座右铭或其他名言警句。

班主任要充分利用好墙报这一教育资源,让每一面墙都能弘扬主流价值观,宣传学习榜样,把学生的思想教育寓于感知的情景中,营造良好班级舆论氛围,形成"润物细无声"的意境,从而达到教育人、培养人和熏陶人的目的。

2. 媒体文化

网络等新媒体对班级舆论建设有积极的促进作用。我们的学生是伴随互联网长大的,网络影响着他们的生活方式、学习方式和思维方式。新时代的班主任要与时俱进,充分利用网络的互动性、共享性、公平性等特点,扩宽和丰富师生沟通的渠道和形式,用新型的互动平台架起师生、生生沟通的桥梁。班主任可以通过线上沟通方式答疑解惑、了解学生需求、寻找教育契机,在营造良好氛围的同时,拉近师生之间的距离。

二、健全制度文化,确立积极舆论形成的标准

1. 同班级建设目标结合起来

积极的班级舆论有利于班集体凝聚力和向心力的形成,对学生个体的成长有促进作用;消极的班级舆论,会让集体成为一盘散沙,制约个体的发展。因此,班主任可通过民主协商、自主管理等方法,让全体学生参与班级建设目标的确定、班级常规管理执行等,强化学生对集体的归属感。让每一位学生认识到自己是集体的一员,集体的发展和个人成长息息相关,集体和个体是一荣俱荣的关

系;个人的言行举止都会影响集体的形象,集体目标的达成有助于个体目标的实现。以集体主义思想为基础的班级文化,会遏制不良行为和消极言论的传播,最大限度地发挥班级舆论的监督作用。

2. 同构建班级规章制度结合起来

完善的班级规章制度,有利于良好班风建设,有助于积极班级舆论的营造。因此,必须把营造良好的班级舆论氛围的具体要求纳入班级规章制度的建设中,做到依法治班,以法育人。在建班初期,全体师生应在充分讨论的前提下制订具有本班特色的规章制度,注意规章制度的育人性、导向性、适切性,要在各类问题的认识上和学生形成共识和共鸣,使班级规章制度成为班级舆论监督的评判标准。把学生的所有的行为都置于班级的舆论监督之下,这样就能逐渐培养起学生正确的是非观、价值观,形成纪律和自律意识,让学生做出正确的选择,抵抗形形色色的不健康的思想,最终达到:人人有事做,事事有人做;好事抢着做,坏事没人做,使班级舆论成为一种自觉和自律。

3. 同创设公平民主氛围结合起来

营造公平民主的氛围是发挥班级舆论监督作用的重要保障。班主任要有意识地培养学生的民主意识,把自主权和知情权还给学生。公开班级公共事务、公正评价每一位学生、公平提供学习机会,让所有的学生都有选择机会。班主任还要广开言路,给学生创造为班级建设献言建策的条件,如在班级中设立"星语心愿"意见箱,定期收集学生的想法、建议和对某些现象的看法。这不仅能让班主任及时了解学生的动态,而且更能激发学生的主人翁意识,有利于班级舆论监督功能的发挥。

三、提升精神文化,夯实积极舆论形成的基础

1. 重视学生的文化人格教育

(1) 理解需求,了解学生文化

学生文化是丰富多彩的,真实地反映了他们的生活世界和年龄特点。班主任在培养主流价值观时,要对属于不同文化圈的学生的身心特点有全面清晰的把握,充分理解学生和学生文化,认可和接纳符合儿童天性的合理部分,引导非主流元素。

校园里的学生来自不同的家庭,有不同的生活环境。社会上各种各样的价值观念难免会对他们产生影响;他们会将自己的思想带到学校,在各种场合发表自己的观点,表达自己的见解。当班级中的积极舆论和消极舆论产生碰撞时,班级文化也会不断地发展变化,生成新的文化形态。

一般来说,学生文化的来源主要有两类。一是社会舆论风气的侧面反映。例如,哈日哈韩潮流、社会冷漠现象等。二是校内、班内热点问题的集中体现。例如,班级学习风气、行为规范、同学之间的攀比现象等。

班主任应通过观察、谈话、家访等方式充分了解学生的家庭、社会背景,根据学生兴趣特长筹划和采取一系列行动,塑造学生主体性文化人格,让其在潜移默化中接受社会规范、行为准则、价值观念等主流文化要求。

班主任还应关注现阶段学生中自然形成的热点问题,通过日记、周记,甚至从学生涂鸦的文字或草稿中发现他所宣泄的情绪,随时了解分析班集体的舆论氛围。一旦发现有倾向性的非健康舆论时,就要及时作出引导,充分发挥班级文化建设对学生文化的影响力。

（2）因材施教,采取不同策略

① 班级舆论建设首先从"领头羊"开始

榜样的力量是无穷的。班主任要善于发现学生文化中的榜样代表,选拔一些品学兼优、威信高的学生担任班干部。学生干部的言行对其他同学有很强的感召力,培养他们强烈的正义感、是非判断能力和主流文化价值观,有助于把负面班级舆论扼杀在萌芽状态。

② 班级舆论建设要重视"小团体"

班级中自然形成的"小团体"能产生"从众效应",起到"类化作用"。因此,班主任要重视"小团体"对班级舆论的影响。对产生消极舆论效应的小团体,班主任要予以妥善限制;对产生积极舆论效应的小团体,则要大力鼓励,加以培养,强化扩大其影响。并有意识地将一些学生,组织到适合他们的有益的"小团体"中,充分发挥"小团体"的"集体意识",使其成为班级舆论的重要组成部分。

③ 班级舆论建设要拉拢"独行侠"

所谓"独行侠",就是与班级主流文化格格不入的那些学生。他们要么是个性张扬,喜欢创新,不走寻常路,不愿意屈从别人的观点;要么是自制力低下,好炫耀,但性格外向,同伴关系好,有号召力。这两类学生虽然占比不高,但对班级舆论的影响很大。对他们的教育首先要本着爱护和尊重的原则,要使学生认识到自己现有的思想状况及反从众心理对他们成长的意义。其次要搭建平台,让他们在活动体验中提高对班级舆论的认同感。树立他们在班级中的新形象,强化他们向积极班级舆论靠拢的决心和意志。

2. 重视师生关系的优化

2009 年教育部颁布的《中小学班主任工作规定》明确指出,班主任要平等对待学生,建立和谐的、朋友式的新型师生关系;要尊重学生,注重与学生交流沟通的方式,做学生人生路上的良师益友。因此,重构符合当代教育需求的平等师生关系,建立师生共同价值观对班级积极舆论的形成起到了至关重要的作用。

班主任与学生朝夕相处的关系,决定了教师的一举一动,对学生起着潜移默化的作用。教育家陶行知曾经说过:"要学生做的事,教职员躬亲共做;要学生学的知识,教职员躬亲共学;要学生守的规则,教职工躬亲共守。"教师的责任就是要通过自己的以身作则为学生树立正确的行为准则、交往方式、是非观等,使学生文化在直接接受班级文化的约束下积极发展。

3. 组织丰富的班级活动

(1) 定期召开主题班会,弘扬主流文化

班主任作为主流文化的传播者,应通过定期召开主题班会的形式弘扬主流文化,确立班级舆论的积极导向。在召开主题班会时,还可以采取走出去、请进来的办法,让学生广泛接触模范人物,学习先进事迹,把先进人物的精神品格内化为学生自身的优良道德品质,学生优良道德品质的显性形式便是积极、健康、进步的班级舆论和良好的行为习惯。通过这样的主题班会,学生们认识了自我,了解了他人,增进了友谊,培养了习惯,锻炼了能力,锤炼了品质,成为营造良好班级舆论氛围的必要条件。

(2) 及时处理偶发事件,尊重学生文化

不同个性的学生会自发结合成不同的自然群体,不同的自然群体会有不同的群体舆论,不同的群体舆论对班级舆论的走向起着不同的作用。学生文化是一种不断生成和发展的动态的生活方式,它受来自学生自身、同伴、学校、家长和社会各方面的影响,既体现同一年龄段和时代的共同性,也体现了不同个体之间的差异。因而,班主任要关注学生文化中的热点问题,了解学生的思想动态和行为特点,避免不同群体之间发生冲突。同时,要建立相关制度,规范学生的行为,树立班级正气。

(3)采用辩论形式,辨析各类舆论正误

当班级正气不抬头时,简单的说教和粗暴的管教很难达到教育目标。班主任可以采用民主讨论的形式,为学生提供畅所欲言的机会来表达自我;组织不同主题的辩论赛,用辩论的形式引导学生辩证地看待问题,提高学生明辨是非的能力;采用分层分类的学生座谈会,广泛倾听学生的声音,营造良好的沟通氛围,形成班级事务民主讨论机制。这种广泛征询意见的做法,比教师简单说教的做法更有利于集体的建设,起到了自觉性的舆论建设作用。

优化班级文化,形成积极舆论的过程其实就是认识、接纳和引导学生文化的过程。在这个过程中,班主任应遵循学生为主体的原则,吸收和发扬学生文化中的积极部分,消除和转化不利于健康成长的消极部分,使班级舆论在主流文化的轨道上积极健康地发展,充分发挥导向和监督作用。

第四章

营造相善其群的人际关系

学生不仅是独立的个体,还是共同体中的一员。在班级建设过程中应重视学生的情绪、价值等精神方面的需要,以及"学会和他人'共同生活'"的成长需要。通过充分开发班级的群性价值,来帮助学生掌握解决人际矛盾的方法,保持稳定而积极的情绪,提升与他人共同生活的能力,学会在现代社会中积极并有道德地与他人相处。同时,营造彼此尊重、和谐温暖的师生关系,让学生拥有自信阳光、乐于表达、积极交往的心理环境和尊重包容、互相理解的交往环境。

第一节　理论概述

现代社会中，独生子女的身份和网络媒介的使用导致年轻人彼此分离，人际关系疏远，人与人之间呈现"原子化"的特点。

人际关系疏远，相互保持一个安全距离，沟通比较困难，进而体现为人与整个社会之间的相互冷漠和分离状态。班级作为学生共同生活的场所，具有一种独特的群性价值，是对学生进行"成群"教育的天然载体，有助于培养学生"相善其群"的公共精神。班主任应重视并充分开发班级的群性价值，让学生不仅成长为个体的成人，还成长为共同体中的一个成员，学会和他人"共同生活"。

一、概念界定

1. 人际关系

人际关系是指人与人通过直接交往形成的比较稳定的、带有情感体验的心理关系。一般来说，学生在班级中需要处理好的人际关系有：生生关系、师生关系（包括和班主任及任课教师的关系）、小团体之间的关系。另外，亲子关系、社会与学校/个人的关系也会对学生甚至班集体产生不可忽视的影响。

2. 相善其群

戊戌变法后，梁启超先生开启了关于"私德"与"公德"讨论的先河。"私德"是涉己的德性，与之相对的"公德"则是涉群的道德，指公民在开展社会交往、公共生活过程中应遵守的行为规范，具有公共性的特点。社会主义核心价值观倡导的"自由、平等、公正、法治"就是社会公德。"私德"与"公德"兼备方为完整人格，不可或缺。无私德不能立人，无公德不能成群，仅有私德而无公德不足以组成国家。

如何做到"公德"呢？梁启超先生认为："人人独善其身谓之私德，人人相善其群者谓之公德。"所谓"相善其群"，是指有利于大众群体的道德和品行，做有利于群体的事。教育的目的之一是要培养合格的公民，学生最终要走向社会，实现人的社会化：既能友善和谐地和他人相处，能融洽地进行团队协作，又能保持自己的独立思考与精神价值追求。因此，班主任应挖掘"班级"群性的育人价值，使学生常怀人我、群己、公私界限的观念。

二、价值意义

1. 有助于学生掌握解决人际矛盾的方法

当代学生大部分是独生子女,家长出于疼爱往往在各方面都顺应他们的心意。在人际交往中,他们重视自己的想法和感受,缺乏互相理解和换位思考的能力,在与他人产生不同意见和矛盾时往往不会采用合适的方式解决问题。

网络媒介的快捷度、跨时空性与个性化,使学生的网络人际交往呈现出高度的"自由化"。由于缺乏约束,及受到网络其他用户的影响,学生在与他人产生不同意见或矛盾时,极易在网络空间产生行为失范和脱离现实社会约束的偏差行为。同时,互联网技术模糊了虚拟与现实的边界,使网络虚拟世界的价值观念在现实生活中得到延续。对学生而言,网络人际交往的方式渗透在现实的学习、生活场景中,常常将网络中不文明的语言、越界的行为应用在真实的人际矛盾中。暴力及冷暴力行为、网上"小作文"、网络"骂战",凡此种种都是学生错误应对人际矛盾的方式。

班主任有意识地在班级内营造相善其群的人际关系,对学生学习用正确合适的方式解决和他人之间的矛盾有重要作用。班主任应指导学生处理矛盾的原则、方法、寻求帮助的途径等,提高解决社会生活中各种问题的能力,从而学会驾驭自己的情绪,提升社会情感能力。

2. 有助于学生提升与他人共同生活的能力

当代学生自我意识强烈,他们渴望在各类自我展示的舞台中得到同伴的认可,从而获得价值感和满足感。与此同时,也出现了三个问题:

其一,独断专行的固执。在活动及班级公共事务中一味坚持自己的观点和做法,不考虑他人的感受和意见,活动策划者有时还会将自己的看法强行加在别的同学身上,从而导致同学间矛盾。

其二,功利主义的自私。做事只考虑"对自己有没有好处",没有好处就不做。比如,不参加无关学习的公益服务,不参加不评奖的活动,不参加学时以外的志愿服务。凡事都以自己的利益为中心,于自己无益则不为,损自己之益则必力争。

其三,不能感同身受的冷漠。由于过多地以自我为中心考虑问题,学生往往无法站在他人的立场和视角思考问题，对他人的难处与痛苦缺少同理心，更谈不上伸出温暖的手帮助他人。

这些问题不仅学生独有，也是整个现代社会发展的问题。"原子化"的社会中人与人的关系逐渐疏离，因此培养学生"相善其群"的能力和品格就显得尤为重要。成长中的学生需要习得适应群属生活的基本道德规范，学会在现代社会中积极有道德地与他人相处，以平等、尊重、体谅、理解的态度参与竞争与合作，共创和谐幸福的生活。

3. 有助于学生形成社会责任感

在公共性缺失、竞争性增强的当代，人际关系越发疏离。在班级中，我们常常看到"独善其身""自扫门前雪"的学生。班级管理、活动常常集中在个别学生或班主任身上。我们应帮助学生意识到：在学校中学习的内容，不仅是文化知识，不仅是道德塑造，而且还应看到作为群体中的成人，而非作为个体的成人，应具备的与他人共同生活的能力和态度，包括价值规范、身份认同、权利与义务。

在作为生活场域的班级中，学生间是基于权利与义务的互依型关系，每个学生独立却互相依赖。每个学生都作为不可或缺的成员参与班级公共事务讨论、决策和实施，由此懂得行使权利就必须承担相应的责任，在享受权利的同时要履行自己的义务。在这种公共参与中切身体悟人与人之间互依共存的条件和意义，从而逐步形成公共理性和公共精神，具备社会责任感。

三、遵循原则

1. 以尊重学生为前提

和谐的师生关系是班级良好的生态氛围的起点，为班级形成和善、友爱的人际关系提供支持。班主任应始终尊重学生的独立人格，不以讽刺、挖苦等冷暴力方式对待学生，维护学生的自尊心；尊重个体差异和多元化价值观，主动了解和满足学生的不同需要。教师尊重平等，温和坚定的态度也为学生提供了学习的榜样，学生会效仿师长待人接物的方式对待身边的人。

2. 以情绪管理为保障

情绪管理在维持稳定的人际关系中起着重要作用。人际关系会影响个体的情绪体验：亲密关系可以给一个人温暖、支持与关爱，帮助其排解负面情绪，缓解精神压力;人际关系的破裂、分离和冲突会使人产生孤独、焦虑、失落等负面情绪。此外,情绪是否稳定与健康也会影响人际关系的质量:愤怒暴躁易造成人际关系产生冲突;焦虑紧张会导致拘谨、难以融入团体。班主任应细心观察、体察学生的情绪变化,适时提供支持和指导,帮助学生学习表达、沟通和调节情绪,保持稳定和积极的心态。

3. 以价值认同为核心

在指导学生掌握与人际交往的方法之前,班主任需要先使其形成价值认同。只有达成一致的交往价值观,学生才会发自内心地去做。需认同的价值包括:

(1) 选择朋友的标准。在经济快速发展的当代,"网红"直播、网络游戏、"饭圈文化"等娱乐性和功利性事物对学生的择友标准产生负面影响。班主任应首先指导学生明确"益友""损友"的含义,《论语》有云:"益者三友,损者三友。友直,友谅,友多闻,益矣。友便辟,友善柔,友便佞,损矣。"虽世殊时异,但对正直、诚信等人生观的追求依然应坚守。

(2) 获得朋友的路径。很多学生缺乏在现实环境中与人交往的经验和能力,"社恐"成为很多人自嘲的"标签"。班主任应指导学生拥有朋友的方法,如勇于自省、敢于担当、尊重包容、共情理解等。学生用这些交友原则具体地解决实际问题。

(3) 面对分歧的对策。针对学生"一言不合就开骂",在网络空间"曝光"他人隐私或随意宣泄,甚至用武力等冲动粗暴的方式解决人际矛盾的现状,班主任应事先指导学生在坚持伦理道德的前提下,理性地处理矛盾分歧。例如,守住底线——不泄露他人隐私,更不能参与或引发"网暴";管理情绪——理智冷静,合理排遣;寻求支持——善于向师长寻求必要的支持。班主任在帮助学生处理分歧时也应遵守公平公正、理解共情的原则,以身作则,让学生在有安全感、信任感、力量感的环境中找到打开成长困惑的钥匙。

4. 以方法指导为抓手

在学生树立了正确的人际交往的价值观后,班主任应为学生指明具体的与他人交往的方法,包括与同伴、班主任、任课教师、家长等不同对象的沟通方式。学生需要且渴望进行与他人的沟通,但常常遇到不会合理表达需求、不会正确解决矛盾的问题,需要教师提供方法指导。班主任可以通过主题班会进行集体指导,也可以对个别学生遇到的具体困难进行针对性指导。

5. 以德育活动为载体

指导学生建立相善其群的人际关系,靠的不是生硬的说教,而是在真实情境中学生的体验、实践、反思、感悟。以德育活动为载体,为学生架起一座座合作的桥梁,使学生在现实生活中最大限度地与他人合作交流;在活动中学会沟通、表达、协作,学会处理分歧、达成一致。在此过程中,学生与他人的链接渠道被打开,交往经验和能力随之提升;思想逐渐发生改变,更容易相互理解、包容;促进友谊,增进班级凝聚力从而使班级形成和谐有序的人际关系。

6. 以环境建设为支持

班主任应通过班级环境与文化建设来营造安全有归属感的物理环境、激励参与的学习环境、信任和谐的人际环境,创造一个公正、安全、共情、有质量的支持性环境。让学生拥有一个自信阳光、乐于表达、积极交往的心理环境,和尊重包容、互相理解的交往环境来发展社会性情感、对同伴的依存感和对群体的归属感。这包括:

(1) 建立和谐的班主任与学生的关系。为人师表,以身作则,对学生润物细无声的、长期的、真心的信任、尊重和平等对待。

(2) 协调好任课教师与学生的关系。创造条件,让任课教师更亲近学生,比如邀请教师参与班级活动,缩短师生感情上的距离。及时引导,做良好师生关系的润滑剂,在出现问题时及时沟通,主动补位化解师生冲突。

(3) 建立和谐的班主任与任课教师之间的关系。构建和谐的育人团队,形成教育合力,这是营造和谐的班级氛围的有力保障。班主任要经常与科任教师互通有无,正确对待任课教师对本班学生的客观评价,齐抓共管,要求统一,在班级大事上诚恳地听取任课教师的意见和建议,使学生在良好的育人生态中健康成长。

第二节 学生对同伴意识的认知不正确，怎么办

——重塑合理信念 提供价值支持

随着年龄的增长，青春期学生开始重视同伴交往，家长和师长的影响力开始减弱。同伴交往有利于学生建立正确的自我认知，拥有自我价值感。但在交往过程中，往往会出现对同伴交往的错误认知，如"不顾及是非""占有欲强烈""过分敏感"等，影响学生的人际关系、自我认知与道德水平。班主任应注重引导学生正确认识同伴关系，厘清自我认知，营造适合学生发展的和谐交往环境。

【现象扫描】

周日清晨，初三学生小任同学离家出走了，班主任小唐老师立刻联系班中小毛同学，因为他热心、人缘好，了解班级中的情况。但是，小毛同学说他不知道小任同学的消息。

在接下去的三天里，唐老师渐渐发现了小毛同学的不寻常之处——他不像往常那样多话、爱打听了。唐老师不停地和他讲离家出走的危险性。因为小任同学出走时的留言中提到"带了 5000 元压岁钱，到同学介绍的地方打工"，所以小毛同学坚称小任同学是安全的，反叫老师不必担心。再三追问下，小毛同学每天都会给唐老师一些新消息。比如，出走前他们是见过面的、他还给了唐老师小任同学的邮箱、QQ 号和密码、游戏账号和密码。

周四，在警方的帮助下学校通过监控查到了小任同学最后出现的地点，有学生告诉唐老师，小毛同学和小任同学曾经去过的黑网吧。抱着万分之一的希望，放学后唐老师和小任同学爸爸带着小毛同学直奔黑网吧，可惜一无所获。

第二天，唐老师借用小毛同学的手机查号码时，恰巧看到了他们的 QQ 聊天记录：

"唐老师今天去派出所了。"

"你快到我家来吧。"

"我们在来网吧的路上了，你快走！"

……

原来，两天前小任同学已经住到了小毛同学家里，他还每天把老师调查的最

新进展告诉小任同学。在家长和老师心急如焚时，小任同学正舒舒服服地在这位"无间道"家中打游戏呢！

"如果时光倒流，你还会帮他隐瞒，欺骗老师吗？"唐老师对小毛同学的欺骗愤怒不已。

"会！为了朋友，我会做任何我能做的事。"他倔强地昂着头，一脸"我没错"的样子。说这话时他意气风发、信誓旦旦、巴不得立刻再为朋友两肋插刀。

为什么老师反复强调离家出走的危险性，小毛同学却置若罔闻呢？为什么再三追问下他仍然帮助同学隐瞒呢？

【归因分析】

一、同伴意识的认知局限

青春期的学生非常重视和同伴的关系。在唐老师看来，离家出走有很大的危险性、是不负责任、逃避学业的行为，应该立刻被纠正。但是在小毛同学视角里，同伴意识与朋友义气是最重要的。既然能确认小任同学暂时是安全的，那就应帮助朋友获得自由、尊重他离家出走的选择。他认为，如果拒绝了小任同学的要求，就会影响别人对自己的评价，会被疏远和孤立，从而失去朋友。为了维持友情，他以别人的评价替代了自己的独立思考，从而片面地思考了这个问题。

学生对事物的认知有诸多局限性，他们幼稚、盲从、缺少独立分析问题的能力，自我的认知也常常出现偏差。这是由于他们的年龄、阅历、时代特点等诸多复杂的因素所造成的。很多提醒，于我们也许是常识，但对学生来说却是新知，我们不能忽视"发展中的学生"的认知局限。

二、亲子关系的淡漠

亲子关系的淡漠也是小毛同学得以"隐瞒"的助推力。他的父母和他不住在一起，家中只有卧病在床的爷爷奶奶和保姆，因此出走的同学在他家住了三天竟然没有被家长发现。因为缺少监管，他错误的行为不易被及时发现；因为缺少爱，他特别渴望温暖与关怀；亲情的缺失使他特别看重所谓的"朋友义气"，他将所有的情绪期待都转移到了同伴关系上，因此特别看重同伴的评价和反馈。

因此,班主任还要满足他的精神需要:协调家庭教育力量,建立通畅的亲子沟通渠道。

【实践探索】

一、理解情感,尊重成长需要

首先,青春期孩子的个人意识开始觉醒,他们渴望从外界获得价值支持。价值支持是从同伴价值感、同性价值感、异性价值感中获得的。这三个身份的界定决定了自己是否是重要人物,是否是一个世界上很有价值的人物,从而产生自我接纳。自我价值极其重要,它是今天活下去的勇气和明天奋斗的信心。因此,学生特别重视从同伴身上获得价值认同。

其次,"情感"本身能带给人温暖与力量,是生命中不可缺失的支持系统。人的一生需要亲情、友情、爱情:在生命之初,只有亲情,亲情非常重要。到了青年、中年,有友情、爱情可以补充。到了老年,友情、爱情也会变成亲情,此时的亲情又是非常重要的。三个部分不分主次,不可或缺;如果剥夺了其中任意一种情感,则它不会被另一种情感所代替,但此时一个人的情感支持系统就会缺少一块。

班主任应尊重学生的身心发展特点,理解他们的行为动机与背后隐藏的心理需求,才能找到准确的归因,确定合理适宜的教育策略。若理所当然地用成人的视角看待学生的行为,就无法准确分析其行为背后的原因,错误的归因会造成无效的教育。

二、澄清是非,重塑合理信念

小毛同学虽然知道"离家出走"是错误的,但对这种错误抱着"任其发展"的态度。因此,教育应首先满足他的缺失性需要:树立正确的是非观。班主任应耐心地向他讲明其中的道理,以现实生活中的例子来举例说法。有理可谈、有法可依,翔实的案例与明确的法律条文可以弥补他旧认知观念中的疏漏。教师应以温和而坚定的方式明确地告诉他,虽然这次出走事件中他的做法还没有构成包庇罪,但他隐瞒、欺骗老师的行为是错误的。真正的仗义,是帮助朋友认识和改正错误。如果朋友的错误构成了犯罪行为,那知情不报、主动掩盖有可能触犯刑法(包庇罪),而被追究法律责任。在班主任的引导和教育下,学生可以慢慢意识到自己的不合理信念,调整原有的错误认知,以正确的"友情观"去更好地处理问题。

三、协调关系,建立支持系统

基于学生对亲情的需要,此类问题的解决不能仅仅针对学生一个人提出要求,还要促成亲子双方相互沟通、合力调整交往方式。班主任应指导家长树立科学的育人理念,经常向其沟通孩子校内优异的表现,有意"夸大"他的闪光点,让家长感受到教师真诚的关怀与对孩子的认可。在此基础上指导家长改善陪伴孩子的方式,增加与孩子沟通的频率,多倾听孩子内心的需求,更重视孩子的心理健康,让孩子感受到家庭的温暖。

四、创设平台,提供价值支持

青春期孩子普遍性情淳朴善良,他们非常在意朋友但不会"择友",渴望获得同伴的认可,却不敢以合适的方式展示自己。因此,班主任要为他们敞开一个开阔的群体交往空间,用于激活学生的心灵,变"盲目地跟随"为"理智地相处"。开发班级教育力量,有意让他融入和同学、老师、家长的交往过程中,而不是让他自己孤独地或仅仅与教师单独交往中成长。例如:

1. 召开班会。针对同学们对"友谊"认识的误区,班主任可以召开"交个'心'朋友"主题班会,邀请小毛同学一起设计、筹备,在准备过程中使其进一步树立正确的观念。

通过搜集生活中"盲目跟随朋友"的小故事,学生进一步辨析了自己的不足;班会现场,他担任"小老师"的角色,组织同学讨论,指出故事中的错误;在班会中的亮眼表现也可收获同学们的好感与肯定,从而满足被同伴认可的情感需要。

2. 借助班干部和小组的力量,以同伴互助的方式为学生提供正能量的交往路径,更及时和有效地解决学习生活中遇到的困难,让其感受到被关爱的温暖。

3. 为学生搭建符合其个人特点的活动平台,指导他们通过努力,体验到真正的、平等的友谊,获得满足尊严的自豪感。

4. 本案例源于小任同学离家出走的事件,那么不妨让小毛同学和小任同学结对,让小毛同学担任小任同学的"生活小老师",在小任同学成长的低谷期为其提供关怀、劝慰。在帮助小任同学的过程中,小毛同学学到了正确帮助同伴的方式,从助人的幸福感、成就感中体会到自己的价值。

第三节　班级生生关系不友善，怎么办

——引导班级舆论　搭建合作平台

随着社会经济的快速发展，追求"效率""竞争""内卷"等思想对学生及其家长都造成了一定的影响。班级内可能出现"自扫门前雪"、不想也不会合作、"小团体"甚至恶意竞争的现象，造成班级氛围冷漠、松散、紧张，没有集体凝聚力。班主任应关注并及时指导学生树立良好的人际交往观念，掌握正确的人际交往方法。

【现象扫描】

小杨同学是一位成绩优异的女生，父母对她学业上的要求颇高，每天给她布置很多的课外作业，要求她各方面都要争取第一。久而久之，小杨同学将其他成绩优异、表现出色的同学视为"竞争对手"，形成了独来独往、我行我素的做事风格。

某一天中午，班主任进班布置了一项作业，小杨同学的同桌小徐同学恰好不在座位上。小杨同学决定不告诉小徐同学。第二天，未完成作业的小徐同学受到了班主任的批评，身边的小杨同学却露出了愉悦的笑容。

小杨同学还常常将与小徐同学的聊天记录发给班主任，将她在背后的吐槽、校外生活都告诉班主任。慢慢地，小徐同学发现了小杨同学做的事情，感到被欺骗、被伤害。小徐同学带头在班里建立了"小团体"，不仅将小杨同学的所作所为大肆宣传，还组织同学孤立她。整个班级充满了剑拔弩张的氛围。

【归因分析】

一、家长的理念与方法影响学生的价值观

小杨同学的父母从小对孩子的教育为这件事的发生埋下了伏笔。大多数学生在家庭影响下，普遍认为学习成绩是衡量学生最重要的标准。他们被灌输了"学习成绩至关重要"的思想，班级中的竞争变得越发激烈，同学们开始攀比和争夺优势地位，而忽略了彼此之间的友谊和合作。因此，在班级中形成了一种恶劣的竞争关系，导致部分同学之间关系对立，紧张气氛增加，不利于他们健康成长。

二、非正式群体对班级有一定的负面影响

小徐同学在经历了这样的事件后,愤怒之下通过建立"小团体"来孤立小杨同学,让班级同学之间的关系出现了嫌隙。这样的非正式群体不仅对当事人小杨同学是一种伤害,还让班级内的竞争关系向不友善、不和谐的方向发展,导致更多的学生站到彼此对立的位置上。学生之间不再追求尊重、包容、合作、互助等良性关系,而是将注意力转移到伤害彼此,这对学生的身心健康发展有极大的负面影响。

三、班主任未及时干预使班级氛围恶化

在问题出现的第一时间,班主任没有询问小徐同学未完成作业的原因,也没有关注到学生异常的情绪。在小杨同学泄露同学隐私(聊天记录)时,班主任没有对其进行教育,也没有发现小杨同学在人际关系处理上的错误做法。随着事件的发酵与扩大,班主任仍没有发现班级氛围的"暗流涌动",没有给出正向引导。当矛盾爆发时,这已经不是小杨同学和小徐同学两个人的问题了,整个班级的人际氛围已经相当紧张,学生间信任度下降,班级凝聚力下降。

【实践探索】

一、家班共育,建立正确的价值观

学校和家长应加强沟通,让家长了解班级的状况,并鼓励他们积极参与问题解决的过程。教育不仅是学校的责任,而且家庭也扮演着重要角色。班主任通过家长会或座谈会,与家长交流班级建设的目标和方法,共同制订解决方案,并且确保这些方案能得到有效执行。

在此案例中,班主任应和家长一起帮助学生树立正确积极的"竞争观",理解竞争是相互促进和共同进步的方法,而不是一种排斥和伤害他人的手段。通过友善、合作、互助来实现个体和整体的发展与进步。这些将为个人提供健康成长的环境,促进他们全面发展,为未来的成功打下坚实的基础。

除了校内的主题教育及集体活动,家长也可以通过家庭教育引导孩子树立正确的价值观和学习态度,并注重培养孩子的团队合作精神。家长应明确告知孩子,

只有所有人都达到进步，整个班级的氛围与发展才能有所提升，而个体在友爱和谐的集体中能获得更好的发展。家长也可以和教师及其他家长一起积极参加班级活动，鼓励孩子与同学们分享知识与经验，培养友爱、互助和尊重的观念。

二、对话沟通，重建理解与包容

在班级管理中，集体观念的培养是非常重要的。班主任可以组织班会或课堂讨论，鼓励学生们开放坦诚地表达彼此的想法和感受，加深学生间的相互理解和沟通，减少误解和冲突。本案例中，班主任可以利用班会课开设一场以"利己主义 VS 利他主义"为主题的辩论赛。引导学生思考"利己"和"利他"的关系、个人与集体的关系。班主任创设平台，让学生坦诚地表达自己的想法，理解彼此为什么要这么做。从小徐同学角度说，可以更好地理解小杨同学的内心世界和行为动机。虽然小杨同学缺乏与同学相处的经验，对同伴交往与为人处世有一些错误的认知，但她并不是故意伤害小徐同学的。从小杨同学角度说，通过真诚地交流来认识自己的行为对他人造成的困扰和伤害。相互倾听和理解是重建信任的关键。通过有效沟通，可以提升团队合作和解决问题的能力，使班级关系更加和谐。

三、集体活动，增强合作意识

教师应通过活动引导班级同学重建和谐友好的关系，增强合作与团结意识，以促进其健康成长和全面发展。班主任可以利用班会课、午休等时间，带领班级同学开展各种集体活动。例如，团体合作游戏，可以增强同学们的团队意识和合作能力。通过共同努力完成任务，同学们能培养互助互信的精神，减少竞争和排斥。

班级联欢会上，同学们自主策划节目，让每个人都能得到参与的机会，发挥个人特长和优势，增强对彼此的认可，也感受到被尊重的喜悦。

户外拓展活动上，一系列挑战和任务能让学生感受到合作的成就感与充实感，在团队合作过程中培养沟通协作能力和问题解决能力。

在集体活动中，同学们加强了彼此之间的联系，加深信任，还激发了创造力和表达欲望，逐渐认识到团队合作的力量，学会分享与倾听、理解与包容、互相扶持与鼓励。

四、完善小组制度，发挥个人优势

为了营造更积极向上的班级氛围，班主任可以组织班委来完善小组运行机制。在每个小组里同学们各司其职，有联络员、组织者、各学科的小组长……这种方式让他们体验到每个人在班级中都是十分重要的。

搭建协作学习的平台。让同学们在小组内相互合作和共同解决问题。在这种学习环境中，同学们能体验到合作的力量，意识到互相支持和帮助的意义。同时，在多元化的学习方式中，学生找到适合自己的方法和兴趣点。例如，有的学生喜欢运动，可以参加校运动队；有的学生对科技感兴趣，可以参加相关的科技创新活动。通过兴趣的培养和发展，学生们可以在不同领域中展示自己的才华，减少过度追求名次和成绩带来的竞争压力。

班主任还可以带领学生走出校门，积极参与社会实践和志愿者活动。社会实践可以让学生更好地了解社会的现状和问题，增长见识，培养社会责任感。同时，通过参与志愿者活动，学生可以为社会作出贡献，帮助需要帮助的人，提高团队合作能力及人际交往能力。这种实践经验不仅是对课堂知识的补充，更是塑造学生全面发展的重要途径。

第四节　班级师生关系不和谐,怎么办
——尊重发展规律　营造生态氛围

和谐的师生关系是学生健康成长的重要保障,也是提高教育教学质量的重要条件。教育部《新时代中小学教师职业行为十项准则》明确提出:教师要做学生的"良师益友"。因此,班主任在开展工作时,要坚持以人为本,基于学生的身心发展规律和个体差异,建立尊重平等、相互理解、亦师亦友的师生关系。

【现象扫描】

师生之间的现实关系是不断变化的,在这组关系中教师是主导者。如果教师责任心强,但教育教学方法单一,协同意识差,缺乏与学生的沟通。学生就会被动接受,出于害怕而屈服,主动性和独立性发展受限。如果教师责任心不强,对工作和学生没有爱心,对学生的发展缺少积极的引导。学生则会对教师失去信任和尊重,师生关系冷漠,班级管理失控,教育教学质量无法保证。反过来,如果教师教育教学能力强,善于与学生沟通,能根据学生的实际情况选择适合的教育教学方法,就能赢得家长和学生的认可。学生则会在班级生活中表现出较好的积极性和主动性,对班集体有更高的归属感,在面对分歧时更能达成一致。

师生关系对班集体建设和学生成长非常重要,但在现实生活中,师生之间难免会有意见不一致、相互不认同的情况。比如,有个班级,上课时课代表来找班主任王老师,说有同学和数学老师发生争执。班主任忙赶到教室,发现气氛很僵。数学老师说,小明同学上课故意发出怪声音影响大家上课。她训了几句,小明同学非但没有悔改之意,还当堂顶撞老师。老师让他站到门外,他偏不肯走,还说他有受教育的权利,为什么要离开。

面对着气呼呼站着的数学老师和一言不发的小明同学,吓坏了其他学生,班主任一筹莫展,不知道怎么办?

【归因分析】

一般来说,教师和学生都是影响师生关系的重要因素,育人环境也会对师生关系的建立发挥积极或消极的作用。

一、教师对自身定位不明确

教师缺乏学生意识,在日常教学中仍倾向于扮演知识传授者与秩序维护者的角色,师生之间的课外互动不多,对学生心理健康和生活方面的关注不足。此外,教师没有意识到学生是发展中的人,缺乏对成长过程中"试错"的包容性,对学生作为具有独立人格和个性的人缺乏了解和尊重,处理学生问题的方法简单。

二、教师的育人理念有偏差

教师缺乏全面发展的育人观。教学过程中重智育轻德育,把立德树人看成班主任一个人的事。师生相处中过于看重教学任务的达成,没有从学生的实际情况出发进行因材施教;对学生的评价不科学,唯分数论,没有设身处地考虑学生的立场和感受,难以满足学生全面发展的需求,无法与学生建立情感上的联结。

三、教师的师德师能需提升

教师的师德师能,如职业精神、教育教学能力、人格魅力,是实现有效师生沟通,建立良好师生关系的重要条件。随着时代的发展,学生的学习方式、思维方式和交往方式等都发生了变化;教师如果不能与时俱进,则无法与学生同频共振。学识渊博、不断更新知识结构,具有时代性、创新意识的教师也容易得到学生的认可,教师稳定的心理特征,如气质、性格、爱好等也影响师生关系。

四、师生的互动缺乏平衡性

师生互动以教师主动为主,教师往往占主导地位,拥有更高的权威。身份地位上的不对等,导致学生在师生关系中显得更为被动,使师生间互动缺少应有的平衡。随着年龄的增长,学生的心理状况更倾向于同伴交往,不愿意过多寻求教师帮助。同时,教师由于工作任务繁重,在日常互动交流中也无暇顾及大多数学生,导致师生之间的距离逐渐增大。

五、班级的育人环境须改善

影响师生关系的环境主要是班级的人际关系环境和课堂的组织环境。学生与教师发生冲突，一方面，班级常规管理有问题，没有制定相关的班规，或相关班规没有落实，导致学生行事没有自我约束；另一方面，班干部队伍不给力，班干部没有及时介入，没有在第一时间控制住局势，影响了正常的教学；此外，班级没有形成积极的文化氛围，学生对班集体的归属感不强，面对不和谐的声音事不关己高高挂起。

【实践探索】

一、明晰自身定位，唤醒育人意识

教育的根本任务是立德树人，教师是学生健康成长的人生导师。因此，我们要了解和研究学生，树立正确的教师观。不仅要关心学生的学习，还要充分尊重学生个体，平等地倾听学生的想法，关注学生的情感变化和身心健康。在站稳讲台的同时，发挥好人生导师的作用，以朋友的身份给学生生活的陪伴、心灵的抚慰、价值观的引领。关爱有困难的学生，帮助学生排忧解难，做学生的良师益友，促进每一位学生健康快乐成长。

二、尊重发展规律，转变育人理念

青春期学生渴望得到他人尊重，好奇心强，有强烈的归属感和成就感的需求，希望得到同伴和师长的认可。因此，我们要转变学生观，热爱、尊重学生，公平对待学生。尊重学生的身心发展规律和认知规律，要把学生从"知识容器"和"考试工具"回归到有情感需求和心理需求的生命体。尊重学生的权利和现状，给学生适合的教育，让学生适性发展。

人人都是导师，我们还要发挥好学科的育人功能。关注学生的课堂需求，以有意义、有意思的课堂互动增进师生、生生情感。用开放性问题、探究性对话、学科融合的实践体验促进学生思考，培养学生应用知识解决实际问题的意识和能力，提升学生的学习能力和学习自主性。创设学生主导的课堂空间，赋予学生更

多的话语权,引导学生在实践中学会尊重、欣赏,在人际互动中学习和发展社会性。

三、搭建互动平台,拉近师生距离

教育是用一个生命去影响另一个生命,用一种人格去培育另一种人格的过程。在师生相处的过程中,班主任要走近学生,可以利用一些非正式场合,如在班级活动的策划和实施过程中,与学生充分沟通和了解,以赢得学生的信任和认可。此外,班主任还可以搭建平台,让班级任课教师走进学生群体,使教师发挥自己的优势和特长,如指导学生完成创意设计、和学生共读一本书、在社会实践活动中和学生一起完成社会调查等,让师生在轻松愉快的氛围中相互了解,互相促进。这样的互动,不仅能让教师全面了解学生,更能拉近师生间的距离,缓解学生内心的压迫感和疏离感。

四、对接话语系统,提高沟通效果

建立亦师亦友的师生关系,我们要以平等的视角,真诚地与学生交朋友,为学生提供陪伴和支持,构建彼此信任、相互理解、相互尊重的和谐交往氛围。在这个过程中,提高教师的话语体系与学生的适切度和投缘度,让学生在话语中充满获得感是非常重要的。老师比较性、威胁性、否定性和独断性的话语往往使师生对话的话语对接系统产生断裂,不仅不利于和谐师生关系的建立,还会伤害学生的自尊心,导致他们丧失信心,压力过大引发心理问题。

五、完善文化建设,形成生态氛围

班级文化建设有助于构建良好的人际关系。我们可以通过教室布置营造温馨宜人的学习生活环境,通过加强班级制度建设和班级管理确保和谐的人际交往环境,用精神文化建设促进正确的集体舆论和良好的班风的形成,让班集体具有班级群体健康成长的共同心理效应。良好的心境能促进学生积极性、主动性、创造性的发挥,提高学习和工作效率。在建班育人的过程中,班主任还要营造积极的班级心理场,构建良好的班级心理环境,唤醒学生在师生交往中积极的自我意识,形成生态氛围。

所谓亲其师,信其道。学生对教师的尊敬是建立在教师过硬的专业能力、丰富的管理经验、灵活变通的教育方法、良好的个人素质及独特的人格魅力等基础上的。当感受到教师对自己情绪的理解、人格的尊重、成长的信任以及生命的抱持时,他们才会真正在内心产生对教师的亲近。班主任要明晰角色定位、转变育人理念、努力提高自己与学生建立良好心理关系的能力和智慧,努力成为学生快乐健康成长的人生导师。

第五节　班级家校关系不融洽，怎么办

——转变角色定位　优化沟通策略

著名教育家苏霍姆林斯基明确指出："学校和家庭是一对教育者。"舟是家庭给孩子一个起点，水是学校给孩子一个征程，孩子就是掌舵的人，家庭学校合力聚力才能更好地完成孩子的教育。在这个过程中，班主任作为家校互动的核心群体，是建立良好家校关系的重要保障。

【现象扫描】

2020 年，央视网报道了一则新闻：一位父亲因经常不回复家长群的信息，在家长会上被老师点名。家长当时就大哭起来，称自己每天加不完的班，开不完的会，好不容易下班了，回家还得盯着孩子，怎么忙得过来。消息一被报道，即引起了热烈的社会反响。大家一方面感怀做家长的不易，对这位父亲的遭遇表达了同情和理解；另一方面对老师的教育行为提出了质疑，认为老师不应该在家长会上点名，对家长要多些宽容和尊重。

近年来，我们经常在媒体上看到类似的新闻，不是对各种教育现象的喊话，就是对教师教育行为的吐槽。这样的新闻一旦出现，就会引发社会上广泛的关注和热烈的讨论。网上有些评论还会过度解读班主任的教育行为，对班主任进行道德绑架，引发社会舆论对班主任的专业性和职业道德的质疑。这些问题反映出学校和家长之间关系的脆弱和紧张，以及情绪的对立。这更让我们认识到，家校协同形成育人合力的必要性和迫切性。

家校关系一直是热议的话题。尽管双方在教育对象和目标上没有太大的差异，但在教育理念、教育方法、日常的细节管理方面常常会有不同的认知。

【归因分析】

影响家校关系健康发展的因素有很多，可能是家长对学校教育不理解，对班主任行为不认可，也有可能是班主任对家长不尊重，家校沟通不畅通。

一、对"家校共育"的认识有误

家校共育是整合学校和家庭的各种教育因素，确保教育影响的一致性、连贯性,发挥最大的教育效益。因此,如果我们把家校共育中家长的角色理解为配合者,家长被动完成教师和学校布置的任务,就会出现教师给家长布置作业的情况,也会出现家庭教育缺位,家长认为教育是学校应做的事,家庭就负责孩子的衣食住行。此外,学生是"共育"的最终目标,也就是说,"家校共育"重在"育"上,它不应仅局限于沟通与合作,除了学习成绩,还应重视成长、关系、交往、生活。站在学生的视角,家校共育有助于学生人格的全面发展。

二、对学生的评价不全面

班主任对学生全面客观的评价是做好家校共育的前提。不关注个体差异和成长过程,只重视结果的终结性评价,不仅会打击学生的自信心,也会引发家长的焦虑,造成亲子关系紧张,不利于学生的身心发展。因此,我们要用不局限于分数的眼光去看待每一个拥有独立人格的学生;我们的眼里不仅要有他们的现在,更要有他们将来的发展。当家长焦虑时,我们要引导家长看到孩子成长的规律、个性特征和发展需求。这些理念是做好家班共育的前提。

三、家校沟通效果不理想

家校沟通是建立良好家校关系的重要途径。随着新兴技术的广泛应用,家校沟通的途径更丰富,形式更多样,但多以单向沟通为主,造成沟通效果不理想。除了情绪不良、环境陌生、知识障碍、语言不当等因素,不对等的关系也是重要的影响因素。因此,家校沟通首先要明确沟通过程中家长的角色定位,倡导平等、尊重、合作、共赢;还要了解家长的需求,正确把握家长的沟通心理,引发双向、互动、积极的沟通活动。

四、家庭教育指导能力不够

家长对学校教育的认可是良好家校关系的情感基础。有些班主任在家庭教育指导过程中胜任力不够,缺乏相关的知识储备,对问题的预判不足,准备不充分。因而,在面对家长时没有自信心,不能站在家长的角度考虑问题,不能针对孩子的具体情况给出专业的指导意见,导致家长对学校的满意度降低。

【实践探索】

一、尊重理解家长,建立情感联结

每个人都渴望得到他人的尊重,尊重是彼此的,教师对家长的尊重也必然会赢得来自家长的尊重。因此,班主任在和家长沟通交流时,态度要谦和有礼,注意说话的语气和态度,管理好自己的情绪,不能当众点名,也不能对家长呼之即来,呵之即去。同时,要充分理解家长,因为没有一个家长不想把自己的孩子培养好。沟通时先肯定家长的付出和不易,帮助家长敞开心扉。共同发现孩子现象背后的实质性问题,让家长认识到家庭教养方式的不足,基于实际情况进行相应辅导和引导。

二、转变角色定位,确保家长权益

我们需要尽可能调动学生、家长参与学校教育的热情,获得家长对学校管理和发展的认同,也需要家长了解学校的教育教学目标,使家庭教育与学校教育保持一致性。让家长从被通知者、被指导者,变成参与者、合作者。我们还要认识到家长对学校教育举措有知情权,对学校教育过程有监督权,有参与学校管理的参与权,对学校办学的评价权。明确家长可以参与哪些内容、行使哪些权利,确保家长权益有助于家校尊重平等关系的建立。

有时我们会遇到这样的问题:学校要组织活动,家长却不认可,认为耽误了孩子的时间。如果在开展活动之前,我们和家长说明活动的意义,指导家长如何帮助孩子做好时间分配,而不是简单地通知家长"我们要开展什么什么活动了",就能得到家长的支持。如果平时只把家长当作教育资源的拥有者,只在需要家长提供资源时才想到找家长,家长容易出现作为"被利用对象"的失衡感,会影响家长对学校的认同感,最终会影响家校协同育人的实效。

三、保持同一立场,达成家校互信

首先,家庭教育指导和教育学生截然不同,家长虽然是被指导的对象,但他们并非消极地接受指导。他们对指导不是全盘接受,而是一个选择的过程。家长强烈的自主意识和独立人格,使家长在指导过程中的一切行为都是根据自己的认知、情感和需求做出个性化选择。因此,班主任在家庭教育指导前要做好准备,对学生情况和家长情况进行全面了解,让指导更贴近学生实际,更能得到家长的认可。

其次,要尽量争取家长的信任。家校互信是我们开展家庭教育指导的前提,化解教育难点,提高家长对班主任的信任度,让家长成为教师的合作者,而不是"敌人"或对手。这需要依靠班主任专业和科学的教育态度,深入问题背后的探究精神及对孩子满怀期待的热爱和赤忱。如果家长不信任你,表面上服从,但内心也不会听你的。

最后,要重视家长的感受。家庭教育指导的对象是成人,因而方式、方法要符合成人的认知规律和实际需求。家长和孩子的感情是亲缘感情,不是社会感情,我们要站在家长的立场上思考其需要,尊重家长的选择和决定。沟通过程中少用专业用语,尽量用通俗易懂的语言。

四、优化沟通方式,形成教育合力

沟通是通过人与人之间、人与群体之间思想和感情传递及反馈,达成思想的一致和感情的通畅的过程。通过家校沟通,学校教育与家庭教育可以增进互信和理解,达成共识形成合力。但是,过于频繁的、不必要的家校沟通,不仅会增加教师和家长的负担,更会引发家长的焦虑情绪、激化亲子矛盾等问题,有时还会影响师生关系,削弱学校教育的有效性。

因此,面对一些偶发的、后果不严重、影响力不大的学生问题,如学生偶然作业不交、学生偶尔成绩波动、校内偶发情节较轻的行为问题、能在校内解决的学生同伴关系问题等,可以尝试"非必要不沟通"原则。学生既是受教育者,也可以成为沟通的主体和教育的主体。班主任可以通过充分尊重学生的主体地位,有效激发学生发展内驱力,用师生沟通的方式帮助他们实现自我教育。

五、增强育人能力,提供专业指导

首先,要加强学习。在家庭教育的需求上,班主任与家长存在一定的偏差。因此,班主任需要加强学习,建设丰富、多元的班本课程体系,为家庭教育提供专业的支持，为家长答疑解惑、积极引导，更新理念、形成共识。

其次，要精准研判。班主任只有在了解孩子的生长发育的规律、孩子对学习成绩的期待、孩子需要什么样的家庭生活及孩子期待怎样的亲子关系等基础信息后，才能指导家长如何拓展家庭活动，丰富孩子的兴趣、特长领域和范围，从根本上激发孩子的内驱力，培养自主学习能力。

最后要积极实践。家班共育的形式不仅是讲座等认知性指导，还可以包括体验性指导和活动性指导，搭建亲子沟通的平台。设计活动时，要有整体意识，用个性化家长沙龙、亲子主题班会、亲子共读、家书活动、家庭打卡等活动让更多的家长体验、参与、支持。总之，要从随机性活动变成持续性沟通支持，从单向灌输变成体验、分享，从单一领域指导变成全领域互动，从被动参与变成主动参与。

在这个不再是单向、封闭的教育时代，家庭教育和学校教育之间有很多"难点""堵点""痛点"问题，需要家校协同一起来化解难点、疏通堵点、消弭痛点。我们要积极实践，深化家班共育，构建互尊互信的家校关系，助力孩子健康成长。

第六节　亲子沟通不良，怎么办

——搭建交流平台　指导沟通方法

出于缺乏科学的家庭教育方法，家长错误的沟通方式会使青春期孩子不愿意和家长沟通，家长难以走进孩子的内心世界，亲子关系变得紧张。这不仅削弱了家庭教育的力量，也会造成学生心理的压抑、苦闷，严重的亲子冲突有可能对学生的健全人格带来不利影响。班主任有责任指导双方掌握正确的沟通方式，促进和谐的亲子关系的形成。

【现象扫描】

"老师，孩子现在回家都不愿意与我们交流，我们都不知道他在想些什么，小学时可不是这样的！"中学班主任经常会听到家长类似的诉说。确实，进入青春期后，很多家长发现原本乖巧的孩子不那么爱和自己说话了，谈到某些话题时显得不耐烦、烦躁，有的甚至什么都不愿意和家长说。比如，在以下常见的场景中，亲子沟通总是不那么融洽亲近：

情景1：

妈妈：今年暑假我给你报了补课班，数学再提高一下！

孩子：你们在安排我的生活时，有没有问过我的意见！

情景2：

妈妈：回来啦？考多少分？

孩子：就知道考试！能不能说点别的？

妈妈：考得这么差，是不是脑子进水啦！这礼拜不给你做饭！

孩子：你是爱分数，还是爱我？

情景3：

爸爸：你要多和考第一的小凯同学一起玩！

孩子：你能不能不要管我和谁交朋友……

妈妈：你怎么穿黑色衣服？换那件蓝色的！

孩子：你不懂，现在流行黑色！

情景4：

爸爸：你太懒了，就不能学学隔壁家的欣欣……

孩子：别人都好，就我不好……

情景5：

妈妈：你怎么又粗心了！上次考试要是仔细一点就能上80分了！你就不能认真一点吗！对学习一点都不上心！

孩子：好烦……

情景6：

孩子：今天班里发生了一件很有趣的事，小文说：……

爸爸：(打断)你们怎么会有这么多话呢！

【归因分析】

一、家长选择的话题不合适

就像上文中的"情景3"，孩子不愿意和家长沟通的话题大都在交友、穿着，而这恰恰是大部分家长希望了解的。由于价值观的不同，使两代人对这些话题常有不同的见解，故孩子也不愿多说。

如上文中"情景2"所描述的，学习固然重要，但并非生活的全部，更不能仅以成绩来评价一个人。孩子希望家长不要因学业问题而否定他们；除了学业，家长还应关心他们的情绪、生活、兴趣爱好；关注娱乐、交友、阅读、运动等需要。因此，"学习"也是孩子不愿意和家长进行沟通的话题之一。

二、家长的沟通目的有局限

生活中家长常常急于表达自己的价值观，想纠正孩子的想法或用语。"家庭教育"的意识虽然正确，但如"情景6"中的评价性沟通目的，往往使孩子的倾诉被打断、被指责，久而久之也就不愿再和家长分享自己的生活。此外，孩子时常因考试失误而被家长指责。于是开始疏远家长，不愿意与他们多交流。甚至有的在亲子沟通中充满家长向孩子的单向训斥和否定，在如此压抑的环境中，孩子不仅不愿意进行沟通，还可能导致信心下降及自我认知出现偏差。

三、家长的沟通话语较强势

进入青春期后,孩子的自我意识迅速发展,渴望被平等、尊重地对待。如果家长替他们安排生活,表达诸如"我怎么说你就怎么做"(如情景 1)的命令式话语,就会让孩子产生不满。

而比较性话语(如情景 4)会损伤孩子的自尊心,导致失去信心及压力过大。孩子渴望获得家长的认可、赞扬;如果连最爱的亲人都贬低他们,内心的伤痛可想而知,自然也不愿意再和家长沟通。

四、家长的沟通方式不入耳

常常见到家长"翻旧账"。如情景 5 所描述的那样,家长的初衷是解决眼前的"粗心"问题,但又谈到"认真",没有聚焦问题,最终什么都没有解决。无效的沟通、絮叨的指责、旧事重提,会让孩子觉得反感。

五、孩子的价值观念不成熟

以上是从家长角度所分析的错误沟通方式,除此以外,受到年龄、经历、独生子女身份、成长背景等因素的影响,当代大部分孩子只会站在自己的立场上思考问题,非常看重自己的感受和想法,而不会理解家长、反思自身存在的问题。以话题"学习"为例,孩子往往一听家长开始批评就满腹委屈,但没有对学习现状进行理性和全面分析,制订科学的学习计划并认真执行,由此导致"成绩不佳—家长生气—孩子压抑—不改变现状"的恶性循环。生活,他们也不善于倾听、思考家长与自己不同的意见,缺少自省与主动学习的习惯。

【实践探索】

一、开展家庭教育指导,建立科学的沟通方式

班主任可利用家长课堂、家长座谈会、线上学习等多种形式,帮助家长更新教育观念、优化家庭教育环境、改变家庭教育方法。从原则、方式、话题、语言等方面,指导家长以真诚的关怀、深沉的挚爱,给予平等、尊重、关心、理解,逐渐走

进孩子的内心。

1. 原则：平等对话，聚焦问题

沟通的目的是了解孩子的想法，而不是评价和指责。因此，沟通时家长不要急于表达自己的价值观，批评孩子的观点，或纠正他的用语。家长要用"同伴"的角色和孩子对话，倾听、包容，然后在恰当的时候去引导。沟通是为了帮助孩子解决眼前的问题，因此谈话时要聚焦问题，或者某个点，切忌涉及很多问题，或"翻旧账"，那样对解决问题毫无帮助。

2. 方式：尊重规律，换位思考

"只有不停跌倒，才能学会怎样用自己的力量站在大地上。"犯错是孩子成长的重要过程，在错误中探索新的世界、明白新的道理。纠正错误行为、养成正确的习惯不是一蹴而就的，家长要尊重孩子的成长规律，允许他们犯错。帮助他们积极地解决问题，而不是一味责骂。

站在孩子的立场上思考问题，将心比心，体谅他们的情绪和感受。比如，结束了一天的上课后孩子需要休息，就不要在吃饭时谈论严肃的话题或批评孩子。孩子的自尊心强，就不要当众指责他。

3. 话题：避免敏感，关注亮点

家长可观察孩子在谈到什么内容时会厌烦、不愿沟通，这类话题通常有：学习、交友、穿着等。避开这些敏感话题，选择孩子能接受的、感兴趣的内容，如生活、趣事、见闻、职业规划等。除此之外，孩子特别需要家长的肯定与鼓励，家长可及时鼓励他每一次小小的进步、正确的举动、亮眼的才华，给他积极的正能量。

4. 语言：可以尝试 10 类语言

关怀型语言：最近天气冷，注意身体。

赞美性语言：这件事你做得不错！

激励性语言：你最近状态很好，继续努力！

同感性语言：我知道你很难过。

理解性语言：不用和别人比，做最好的自己！

接受性语言：没关系，失败了就重新开始。

建设性语言：你看如果……的话，是不是更好呢？

尊重性语言：既然已经决定了，那尊重你的决定。我们试一试。

支持性语言：需要的话我可以帮你。

信任性语言：你一定努力过！

二、邀请家长参与课堂，促进彼此的全面了解

为了让家长更多地了解学生的想法与校园生活，班主任可以利用主题班会、社团展示、课题汇报等多种形式，邀请家长参与课堂。通过心理剧、辩论赛、展示交流等方式，让家长倾听孩子真实的心声，感受到他们的压力、焦虑；发现孩子思想的多元，明白亲子间价值观念的差异；看到孩子不局限于学业的闪光点，为他们的成长而欢欣。

除了让家长倾听孩子的心声，也要让孩子更全面地了解家长。班主任可以邀请家长站上主题班会的讲台，开设"家长讲坛"，分享家长的人生感悟与内心想法，让孩子了解家长的奋斗经历、人生理念与对下一代的殷切期望。

三、开展家班共育活动，搭建亲子沟通的桥梁

班主任可以开展丰富多彩的家班共育活动，为家长和孩子创设共同参与的活动平台。例如，"共读一本书"活动，阅读后通过线上线下多种方式发表读书笔记和感受（篇幅可长可短），有利于亲子建立共同话题；家长的阅历和知识储备高于学生，有利于学生多视角思考、分析问题。此外，在平常的亲子家庭互动中，家长处于中心、主导、控制的地位，而孩子处于边缘、被动、依赖的地位。在亲子阅读的活动中可以建立一种平等的对话模式，也有利于家长了解孩子的想法。

让家长与孩子在互动中了解彼此的需求与想法，家长根据需求支持孩子参加他们感兴趣的各项活动，孩子也逐渐学会尊重、理解、包容他人，以此形成良性的亲子互动关系。

第七节　家校沟通不畅,怎么办

——控制沟通频次　提供专业指导

家校沟通是建立良好家校关系的重要途径,通过家校沟通,学校教育与家庭教育可以增进互信和理解,达成共识形成合力。但是,过于频繁、不必要的家校沟通,不仅会增加教师和家长的负担,更会引发家长的焦虑情绪、激化亲子矛盾等问题,有时还会影响师生关系,削弱学校教育的有效性。

【现象扫描】

普林斯顿大学曾对一万份人事档案进行分析,其结果发现:当一个人已经具备足够的专业能力和专业素养后,影响他成功的因素中智慧、专业技术和经验占成功因素的25%,其余75%决定于良好的人际沟通。在班主任建班育人的过程中,沟通能力和家校关系也会直接影响到我们的工作胜任力和职业幸福感。

常言道"通则不痛,痛则不通",在家校沟通中也常常会出现痛点、堵点。例如,高一某学生总是在班级 QQ 群里发布作业答案,为此很多学生找班主任反映情况,班主任多次找学生谈话无果后联系了家长。刚开始,家长一接到班主任的电话就会请假到学校,不仅能配合老师教育孩子,还能在家里督促孩子。可没过多久,孩子又开始在班群里发答案。家长此时还能及时到校,对学校的处理意见也能认同。但当这样的情况反复多次出现后,慢慢地家长的电话打不通了,班主任发的短信也不回复了,难得接通电话,家长直言以后不要找他了,不行就让学校开除学生。面对家长的拒绝和学生的屡教不改,班主任非常沮丧,有对家长行为的不理解,也有对自身职业价值的失望感。

【归因分析】

案例中的家长从积极配合到最后的拒绝沟通,虽然变化的是家长的态度,但是能看出家长对学校教育的信任度在降低。学生的问题是学校教育的关注点,也是家庭教育的难点,家长期待教师能给予专业的指导,帮助他们解决难题。家校沟通要避免以下情况。

一、"告状式"家校沟通传递不良情绪

"告状式"家校沟通不认可否定的表达,缺少客观中立的态度会把不良情绪传递给家长。家长或许会消极抵触,选择放弃,或许会以偏概全,不科学归因,导致加强管控或暴力解决问题,使亲子关系恶化。学生面对教师的告状,可能会心生怨恨,对教师的信任度降低,师生关系趋于紧张。因而,要把"告状式"沟通转变成"支持性"沟通,指导家长调整心态,客观分析情况,科学归因,为解决问题提供专业的指导和建议。

二、"表面式"家校沟通阻碍家校互信

"表面式"家校沟通,停留在"说教"层面上,空洞、机械、枯燥地讲道理,甚至还有些训诫的意味,会引发家长的抵触情绪,同时也会让家长对教师的专业性产生怀疑,阻碍了家校间的信任建立。要把"表面式"沟通变成能提供专业的评估和指导的沟通,与家长一起了解孩子的发展需求,接纳孩子的发展现状,处理好不良情绪,提高陪伴的质量。

三、"通知式"家校沟通引发家长焦虑

"通知式"家校沟通,只是简单地陈述事实,无法给家长带来积极的情绪体验。没有温度的教育,无论是文字沟通还是语音沟通,对任何一个家长来说都不是一个令人愉快的经历,有时沟通所隐含的焦躁情绪会让家长压力感陡增。因此,家校沟通时班主任要特别注意言语的温度传递和情绪控制,尽量不给家长增加情绪上的压力,多给家长一些情感上的支持与关怀。

【实践探索】

一、带上自信,运用共情,让沟通有"信度"

我们这里说的"信度",一方面是指教师自身的专业自信度,另一方面是指来自家长的信任度。互尊互信是建立良好家校沟通的情感基础。家校沟通是平等的沟通,双方是陪伴支持、真诚互动、协同合作的关系。如果沟通缺少对彼此的

关切、信任和尊重,就无法建立良好的关系。

1. 积极调整,处理情绪

当家长的回应带有明显的情绪色彩时,班主任要接纳家长的不良情绪,通过理解对方的感受等方式实现共情,更好地化解问题。缺少情感又忽视对方需求的互动,不仅无法解决深层次的问题,有时还会引发家长的抵触情绪,同时也会让家长对我们的专业性产生怀疑,阻碍家校间建立相互信任。

2. 积极倾听,科学归因

班主任需聚焦家长反映的核心问题,沟通过程中要认真专注,不仅要了解家长的困惑和诉求,还要感受家长的情绪体验。通过与家长和学生及时沟通,充分了解困扰,综合评估,科学归因,追求家庭教育和学校教育最大的一致性。

3. 积极回应,专业指导

当遇到家长不信任时,班主任要学会管理和控制自己的情绪,努力保持冷静、理性,避免简单、粗暴的回复,或者对家长的批评指责,这会激化矛盾,破坏家校和谐关系。同时,还要换位思考,理解家长的付出和不易。通过与家长的日常接触与沟通,运用真诚的表达、专业的指导方法,打消家长的顾虑。

二、巧用"非必要不沟通"原则,减少家长焦虑

面对一些偶发的、后果不严重、影响力不大的学生问题,可以尝试"非必要不沟通"原则。学生既是受教育者,也可以成为沟通的主体和教育的主体。班主任可以通过充分尊重学生的主体地位,有效激发学生发展内驱力,用师生沟通的方式帮助他们实现自我教育。

1. 学生偶然的作业缺交,不需要和家长沟通

作业是检查学生学习效果,巩固知识概念,提高应用能力的重要手段之一,作业也往往成为引发亲子问题的导火索。因此,当发现学生偶然没交作业,班主任可以从学生近期的课业负担、学习态度、学习能力、心理状态、人际关系等方面进行分析,针对具体的情况进行正确归因,在了解学生需求的基础上进行指导。

(1) 了解实际情况,做好初步判断

学生不交作业的原因很多,常见的原因有:一是难度太大,没有能力完成;二是效率太低,没有时间完成;三是突发变故,没有条件完成;四是身体不适,没有

精力完成;五是习惯太差,把作业本忘在家里。面对学生偶然的不交作业,教师不必急着做出判断。指导学生补好作业后,还要多角度、多层面了解学生近期的情况,以便做好归因分析,对问题严重性做出初步判断。

（2）根据真实需求,提供有效支持

做好相关信息收集后,班主任可以和学生进行面对面交流,近距离观察学生精神状态、情绪反应、身体状况等。在交流过程中,要用专注、真诚的态度倾听,感受学生当时的内心体验,捕捉其行为、语言背后的真实诉求。班主任还要对学生的需求做出回应,和学生一起分析问题的症结所在,讨论可行的解决办法,提供有针对性的方法指导和学业辅导。

（3）加强心理辅导,培养良好习惯

未成年人日常行为受环境和情绪的影响较大,尤其面对学业压力,容易出现畏难情绪和焦虑不安。班主任可以通过采用倾听、同理心等方法让学生充分宣泄,纠正非理性的认知,获得支持;通过深呼吸、想象等方法让学生放松,缓解不良情绪;通过引导学生发现自身的优势,增强自我价值感和效能感等。同时,还可以指导学生养成良好的学习习惯,除了课堂上认真听讲、认真记笔记、积极思考、踊跃发言、善于质疑等习惯外,如注意力集中,独立完成作业,认真整理错题,及时预复习,定期总结归纳,学会积极阅读等也可以帮助学生优化学习过程,提高完成作业的效率。

2.学生偶尔的成绩波动,不需要和家长沟通

作为衡量学生学业水平的重要指标之一,学习成绩备受家长的关注。但是,随着学习难度、深度和广度的变化,学生成绩难免会出现暂时或偶尔的波动,这时如果与家长沟通,不仅会增加家长的焦虑情绪,而且会影响学生对自我的认知。

（1）引导学生正确看待成绩,积极面对问题

面对成绩波动,为避免学生产生焦虑情绪,班主任要引导学生正确地看待成绩:首先,成绩的好坏是相对的,不是绝对的,同样的分数对不同的学生体现的价值不一样;其次,成绩是动态的,不是静态的,班主任要让学生看到学习过程中的点滴进步和发展趋势;最后,成绩反映的只是学生成长的某一方面,而不是全部,要让学生认识到它是成长过程中的某个点,不代表成长的终点。只有形成正确的成绩观,学生才能用积极乐观的态度面对成绩的波动。

（2）指导学生全面地分析归因，有效应对波动

成绩的波动往往是由多种原因造成的，班主任要指导学生从客观、主观、偶然三方面分析成绩波动的原因。首先，客观原因，如学习内容和能力要求难度增大、知识点存在盲点没有完全理解透彻、学习方法和答题技巧存在不足等都会影响成绩的稳定性；其次，包括学习态度、学习兴趣、性格与情绪等主观因素的不稳定性都是导致孩子成绩不稳定的主要因素；最后，任课老师的更换、学生家庭变故、突发事件及自身健康问题等偶然因素也会造成学生成绩波动。只有在准确归因的基础上，学生才能清楚地认识到自己的不足并及时进行调整。

（3）帮助学生科学地疏解情绪，学会身心调适

人在不良的情绪下，往往判断能力下降，认知受限，思维僵化，动作笨拙，不利于工作、学习及解决问题。因此，为了帮助学生平稳地度过成绩波动期，班主任可以指导学生学会一些有效的放松技术，疏解自己的情绪。例如：①想象自己在一个舒适愉悦的环境中，有助于清除焦虑；②向窗外眺望，将视线转向远方，避开低沉的气氛；③深呼吸，并放声大喊；④运动可消耗一些紧张的化学物质，放松肌肉等。

3. 校内偶发的情节较轻的行为问题，不需要和家长沟通

引发学生偶发行为问题的因素很多，班主任可根据问题情节的严重性和影响力选择不同的应对措施。对情节较轻的偶发的行为问题，建议不必联系家长，可当机立断地妥善处理。家长的介入有可能会增加事件的复杂性，增大事件处理的难度。

（1）沉着冷静，及时介入

对学生偶发行为问题的快速、合理应对，能够将不良影响降低到最低程度，这要求班主任必须控制好情绪，沉着冷静，在短时间内作出准确的应急决策。因此，在第一时间介入、全面了解情况，是处理好学生偶发行为问题的基础。要快速了解有效信息，包括偶发事件发生的时间、地点、原因、结果，并耐心地向周围目击者获取辅助信息，尽可能地还原真相。不可武断定论，或一时冲动激化矛盾，错失妥善处理的最佳时机。

（2）客观公正，果断行事

班主任在处理偶发行为问题时，首先，要坚持客观性原则，避免"思维定式"

的影响。充分调查了解事实的真相,客观分析和处理问题,公平对待每一个学生,避免主观随意而导致处理问题不公正;其次,要根据情况的影响程度迅速做出判断,果断确定处理方案。如果偶发行为问题造成比较严重的后果,可按照学校学生偶发事件处理的流程及重大伤害事故的预案处理,如自己无力处理,必须知会家长、学生发展中心、校长室协同处理。

(3)抓住契机,积极疏导

处理学生偶发行为问题不只是为了息事宁人,处理的过程和处理的结果都能对学生产生不同性质、不同程度的影响。因而,班主任在处理此类问题的过程中要注意方法和态度,切忌简单粗暴或打击挖苦。要从不良事件中找出学生的闪光点,引导学生依靠自身的积极因素去克服消极因素,鼓励学生勇敢面对问题。同时,还要帮助学生分析问题、寻找解决问题的办法,启发学生进行自我教育。最后,要引导学生自觉地接受教育,让学生充分认识到自己所犯错误的性质及其危害性,并帮助他们妥善处理事件造成的不良影响。

4. 能在校内解决的学生同伴关系问题,不需要和家长沟通

良好的同伴关系在学生发展过程中具有独特的价值。面对能在校内解决的学生交往问题,班主任需要在同伴交往的认知、能力和技巧上给予适当的指导,以减少学生人际交往过程中的失误,避免出现过激行为或心理问题。

(1)加强人际认知辅导,树立正确人际交往观

学生进入青春期,自我意识觉醒,抽象逻辑思维发展,对自己及周围的环境有了新的认知,愿意表达,喜欢争论,容易产生交往过程中的争执。因此,班主任要帮助学生树立正确的人际交往观,对人际交往有全面、积极认识,明白建立亲密人际关系及友谊的重要性,提高他们面对交往冲突时选择和平方式解决问题的意识。

(2)加强个性修养辅导,掌握情绪调控的方法

情感成分是人际交往的重要部分,人与人的交往通常是由情感而萌发的。中学生情感丰富、多变且不稳定,对人和物敏感且较偏执,这也使他们的人际交往缺乏稳定性,容易产生各种问题。因而,班主任要帮助学生树立正确的人生观、世界观、价值观,帮助他们正确地认识自我,提高受挫能力。同时,帮助学生掌握情绪调控的方法,自觉主动地调控不良情绪。

（3）加强交往技能辅导，提高同伴交往的能力

交往能力的欠缺也是影响学生人际交往的重要原因之一。很多学生缺乏交往的成功经验，在交往过程中交友愿望强烈，却总感到没有合适的机会，想表现自己却不能如愿，内心想表示友善却词不达意。我们首先要指导学生学会建立良好的关系，帮助他们正视自身的缺点和问题，尝试关爱他人，主动交往；还要指导学生学会维持关系，懂得尊重他人的意见，学会倾听他人的想法。

第五章

组织系统化主题教育活动

主题教育活动要发挥"深入人心"的效果,活动设计要坚持以学生发展为本。从学生实际情况出发,聚焦学生的成长点和教育的关键点,细化主题与教育目标。通过板块化、连续性、组合式、序列化的主题活动,让学生在亲身体验和真实问题解决中自主学习、自我发现、自主建构,激发学生的能动性、内驱力,形成自己的道德判断,促进道德发展。

第一节 理论概述

组织、开展主题教育活动是德育工作的重要内容，也是班主任工作的重点。班主任要基于学生的心理特点，设计双主性、情境化、体验式、生成式的主题教育活动，并且要注意体现教育性、针对性、体系化、序列化、创新性的原则。以形式丰富、紧贴实际、螺旋上升的教育活动来帮助学生解决成长过程中的困惑，促进学生形成良好的思想品德、行为习惯和道德素养。

一、概念界定

1. 主题教育活动

（1）内涵

主题教育活动是一种以学生为主体、以班主任为主导，以班级为单位，围绕某一个主题，有计划、有目的地开展形式多样、内容丰富且情景化了的道德认知教育，引导学生在认知冲突和思想对话中进行道德交往，激发道德反应，获得道德体验，促进道德发展的德育类集体教育活动。

（2）类型

班级主题教育活动的内容、形式、渠道都是多样的，并不局限于课堂，教师应根据教育目标选择合适的教育内容和形式。

主题教育活动的形式包括：主题班会（包括主题班会前的体验、准备活动，和主题班会后的成果展示、宣传、评价等）、校园文化艺术科技活动、社会调查、研学旅行、综合社会实践等。它们可以面向全班统一开展，也可以小组为单位进行活动。

主题教育活动的内容包括：中华传统节日活动、重大节庆日活动、主题日活动、仪式教育、阅读活动、艺术体验、科创活动、体育比赛、社团展示、团队活动等。

主题教育活动的参与者不能局限于本班学生。邀请家长参与主题教育活动，可以增进家长与学生之间的了解，有利于提高亲子关系；邀请校友或其他社会人士参加主题教育活动，可以整合更多资源，帮助学生开阔眼界，丰富探索世界的渠道。

（3）特点

① 双主性

主题教育活动应以学生为主体，以教师为主导。

　　主题教育活动的目的是引导学生形成正确的价值观、人生观,因此班主任必然要发挥价值观的引导作用,不能完全"放手"不管,任由学生将主题教育活动变成"才艺展示"或"娱乐活动",更要对学生所设计的活动方案进行指导,及时发现策划过程中不当的表现形式和内容,引导学生正确、深入地理解主题,帮助学生解决活动策划、实施过程中遇到的困难。

　　同时,主题教育活动要坚持学生的学习主体地位,教师的引导和指导不能替代学生的成长,班主任要把选择权、决策权交还给学生。搭建平台创建机会,让学生在体验中自主学习、自我发现、自主建构,激发学生的能动性、内驱力。学生是主题教育活动的参与者、组织者,活动的主题、形式等都要听取学生的想法。

　　② 情境化

　　班主任应为活动设计形式多样、类型丰富、贴近学生生活的情境,引导学生在情境化活动中激发道德认知冲突,在体验与参与过程中产生思考和反省,在生生互动、师生互动过程中共同解决问题,不断形成新的感受、新的认知,促进道德发展。情境化教育活动紧扣生活中的实际问题,关注学生真实的成长困惑,引发他们对生活、对自我的思考,解决生活中遇到的难题,锻炼解决问题的能力、解决问题的勇气和自我发展的意识。

　　③ 体验式

　　主题教育活动的目标指向不是单纯的认知要求,更关注情感激发、意志锤炼和行为巩固。因此活动中应少一些说教、多一些感悟,让学生在过程中体验,达到自我教育的目的。主题教育活动的形式不局限于课堂,可以整合现实生活中的学校、家长、社会等各方面资源,开展研学旅行、社会实践等,让学生走进生活,获得对学习、对生活、对社会的真实体验。

　　④ 生成性

　　主题教育活动不是单向地灌输知识,而是多向互动。班主任通过设计一系列有张力的教育活动,让学生在体验、参与的过程中形成对某个事情的认知,生成新的感悟、新的道德认知、新的能力、新的思维,再结合这些成长思维去解决生活中的实际问题,形成自己的道德判断。在教育过程中,学生对主题的认识、迁移和运用,又会生成新的教育资源,为教育目标的达成提供更好的素材。

2. 系统化

系统化是指将零散的内容进行有序整理、编排而形成具有整体性的系统。主题教育活动的系统化是指将若干主题教育活动组合、编排在几个更大的主题下,并按一定的顺序进行排列,相互间具有相关性并循序渐进,让学生分步达到教育目标。

二、价值意义

1. 系统化主题教育活动能解决零散化问题

目前,大部分主题教育活动互不关联,内容繁杂,没有形成体系,也没有中心主题,更没有活动主线,这使德育活动的实施效果不佳。如果能聚焦一个主题,就能使学生对该主题的价值观有比较深刻的理解,在长期的循序渐进的活动过程中真正掌握、运用、迁移德育知识。除此之外,在班集体建设过程中,聚焦某些主题的长程式、序列化的教育活动,也有利于形成班级特色和班级文化。

2. 系统化主题教育活动能解决割裂化问题

有人评价德育是"说起来重要,忙起来不重要"的学科,造成这一现象的原因是德育与其他教育内容产生了割裂,德育活动主要靠班主任推进,其他学科中德育内容的体现不够,难以发挥德育的综合效益。另外,德育知识与德育活动的割裂较为明显,实际工作中,面对学科教学的压力,德育仅仅停留在学生"知"的层面,缺乏引导和激发学生将德育知识落实到实际行动中。系统化主题教育活动由于在时空上得到延展,内容更为综合,能调动更多的教师、导师参与实践活动,共同面对学生成长过程中的难题和困惑。通过实践活动,让更多教育资源加入教育过程,让德育与智育、体育、美育、劳育等学科结合,最大化地实现"立德树人"的目标,真正实现五育融合。

3. 系统化主题教育活动能解决机械化问题

理论化道德知识具有普遍适用性,但受到多元价值冲击和学生既有经验的影响,说教等教育方式不能让学生对道德知识产生发自内心的认可。强制性灌输和反复强调会增加学生的逆反心理,空洞的理论无法触及学生在运用道德知识的过程中遇到的实际困难和困惑,这就造成学生知道要"怎么做",但生活中"不会做""做不到"。

系统化主题教育活动贯穿学生较长时间段内的学习生活,教育内容更具有生活化,为学生搭建多层面的成长平台,将德育知识与个体的生活境遇、价值选择融合,引导学生在丰富多样的活动中增进对德育知识的理解和感悟,提高德育的系统性和有效性,发挥更为真切的教育功能。

三、遵循原则

1. 保持教育性

主题教育活动是基于教育目标,以活动为载体进行价值观培育。很多班会课流于形式,变成才艺展示、娱乐游戏,甚至有些班会课是排练过后的"秀",违背了追求真善美的育人原则。主题教育活动旨在引导学生树立远大理想,学习做人做事。教育过程中的内容呈现、步骤方法、师生关系等,都要体现教育性原则。学生在参加主题教育活动中明确理想信念,提升效能感,发现自我的潜力特长,获得自信心,找到未来发展的方向。

2. 体现针对性

(1)根据教育规律和学生的年龄特点设计主题教育活动

学生在成长的不同阶段都存在差异性,每个年龄段的学生有着不同的特点和需求,班主任在设计活动时要针对学生的年龄和心理特点及成长需求,才能让主题教育活动发挥生命力。因此,在确定主题活动的主题前,我们要了解和分析现阶段学生成长的需求,进行学情分析,紧扣相应年级的德育要求,从学生发展实际出发,才能设计出符合学生成长需求的主题教育活动。例如,小学阶段重在感知,班主任可通过看、讲、唱、画、演等生动形式,激发他们对问题探究的兴趣。初中阶段重在体验,班主任可通过寻访、社会考察、探究等形式,引导学生思考成长目标。高中阶段重在践行,班主任可通过访谈、社会小调查、小课题研究等途径,引导学生关注社会,规划未来人生。

(2)针对班级中存在的问题开展基于问题解决的主题活动设计

班主任应善于观察,见微知著,未雨绸缪,及时发现班级中存在的问题,这些问题就是学生所需的成长点。班主任可通过问卷调查、观察法、访谈法等明确问题及产生问题的原因,从而提炼出有针对性的主题教育活动的主题。要从学生的实际情况出发,充分反映他们的成长困惑与痛点,并通过活动为他们提供针对性指导，使学生从主题教育活动中真正有所收获。

3. 具备体系化

主题教育活动不能是单一、零碎的，否则会导致浅显零散、流于形式的问题，无法起到很好的教育效果。因此，班主任应首先对主题进行深度研究，充分诠释主题的内涵与外延，细化主题内容，并结合学生的实际情况，寻找主题与学生相契合的教育关键点，从而拆分出适合本班学生的若干子主题，子主题之间具有相关性和差异性，子主题下还可以设置若干话题。通过板块化、连续性、组合式活动，使整个主题教育活动丰富而深刻，各子主题之间既有纵向内在的逻辑关系，也有横向贯通，引导学生深层次、全方位理解主题的内容。

4. 形成序列化

德育不是一日之功，需要长期、系统、反复学习和实践。不同年龄、学段的学生对每个德育主题的理解是不同且逐步深入的。因此，主题教育活动应坚持循序渐进的原则，将各主题下的子主题、子主题下的话题按由浅入深、由易到难的方法进行排序，层层递进地指导学生逐步提高道德修养。螺旋上升式的主题教育活动能解决德育过程中重复、低效的问题，在尊重学生认知发展规律的基础上，使他们在各年龄段都达到不同层次的德育目标。

5. 富有创新性

主题教育活动的方法和形式应与时代精神紧密契合，充分体现新时代全球化、信息化、多元化特点，关注时代创新与变革，培养文化自信。让教育活动紧扣时代脉搏，在吸引学生兴趣的同时引导他们关注真实生活情境中的机遇与挑战。

主题教育活动应根据当代学生的学习特点来改变学习活动的方式。随着互联网的发展，碎片化学习、线上学习等方式已被学生广泛运用。他们热衷短小精悍、趣味横生的短视频，有自行搜集各类学习资料的能力，会加入网络上的小组、团体进行共同学习。班主任应拓展主题教育的形式和方法，使用学生熟悉的学习工具，并引导他们正确辨析、使用。

在"互联网＋"时代，主题教育活动应富有创新、具有个性、形式丰富，如线上线下相结合的丰富形式，课内课外互动的空间拓展，家校社协同育人的渠道延伸，项目化合作学习的内容融合等，不断拓宽德育的内容和渠道，不断创新方式和方法，增强德育的时代性和有效性。

第二节　爱国主义教育不走心，怎么办

——用经典养心　以文化润德

爱国主义精神是中华民族生生不息的精神力量源泉，也是中国悠久历史与优秀传统文化的沉淀与结晶。在全国教育大会上，习近平总书记强调，对青少年的教育要在厚植爱国主义情怀上下功夫，让爱国主义精神在学生心中牢牢扎根。因此，落实爱国主义教育，陪伴学生打好生命的底色是班主任的关键任务之一。

【现象扫描】

经济的快速发展和社会信息化的不断深入，满足了人们对物质生活的追求，也让我们看到部分青少年只知享乐、不思进取、安于现状的现象。居安思危，对青少年学生加强爱国主义教育，帮助他们树立正确的历史观、大局观、角色观尤其重要。

在对学生的问卷调查和访谈中，我们发现学生对什么是爱国，如何去爱国的认知存在一定的差异。大部分学生对中国梦、传统文化、社会主义核心价值观有着基本的认知，但具体能了解程度不尽相同。有的学生对传统节日、国家安全、英雄榜样、红色文化等有一定的了解，他们的爱国行为大多数表现为参加学校组织的教育活动、学习一些相关知识、背诵社会主义核心价值观等。他们的爱国只是停留在口头上，对我国传统文化的了解仅有"吃什么或玩什么"。他们不关注国家的时政热点，不读经典名著，平时不爱看书或只看漫画书。甚至有的学生提出平时学习压力大，实在没有时间参加学校组织的爱国主义教育活动，爱国放在心里就好，不用非得表现出来。

【归因分析】

由此可见，学生爱国主义的情感只是停留在认知上，并没有体现在具体的实际行动上，更不能把爱国主义的情感转化为报效祖国的实际行动。造成学生爱国主义教育不走心的成因是多方面的。

一、爱国主义教育的达成度不够

教育的根本任务是立德树人。学校教育虽然在大思政的教育理念下进行了

顶层设计,德育教育活动进行了系统化、序列化的设计和实施,但在执行过程中对爱国主义教育的重视度还不够。面对中高考压力,教育过程中还带有较重的应试教育的痕迹,学生和家长更重视短期目标的达成,重智育而轻德育,耗费在考试学科上时间和精力过多。学校开展爱国主义教育的时空受限,学生参与主题活动的积极性不高,家庭教育中爱国主义教育严重缺位,这大大影响了学生树立正确的爱国主义价值观。

二、爱国主义教育创新性不足

在古诗文学习中,要求学生反复抄背和过度精准点字释义,往往会削弱他们领悟古诗文固有艺术魅力的能力,因此学生几乎是谈诗文色变。爱国主义教育亦然,如果我们的教育只是停留在背诵社会主义核心价值观,朗诵爱国主义诗歌,咏唱红歌,观看红色电影,阅读红色著作,就无法引发学生情感的共鸣,契合学生发展的需求。新时代学生爱国主义教育必定要与时俱进,大胆创新,创新表达方式,创新体验形式,用学生喜闻乐见的形式开展沉浸式爱国主义教育活动,在创新中传承。

三、爱国主义教育融合性不高

为了更好地落实爱国主义教育,国家推进课程改革及教材的重新编写,学校系统设计主题教育活动,社会开放了很多爱国主义教育基地和场馆。但是,在实施过程中,爱国主义教育活动还是没有形成序列化、模块化,学科德育的育人价值没有充分挖掘,教育资源的整合和利用还有待优化。一些传统文化形式和内容与当代生活存在较大差异,学生在接触时感到难以理解和接受。因此,爱国主义教育的内容和形式不仅需要做好选择,更要做好融合。比如,传统文化与流行文化相融合,常态化浸润式教育与主题化体验式教育相融合,校内学习与校外生活相融合,拉近历史与现实的距离。

四、爱国主义教育系统性不强

互联网技术的大力发展为学生的成长提供了更多的选择和多样的体验。在多元文化和多种思想的冲击下,学生的理想信念和正确价值观的形成面临考验。

教育是一个系统工程,只有在学校教育、家庭教育和社会教育三位一体形成育人合力的情况下,教育才能发挥最大的功能。对爱国主义教育,家校社更需要深度支持和配合。缺乏系统性和协同性,爱国主义教育极易流于形式,停于口头。

【实践探索】

教育部发布的关于《完善中华优秀传统文化教育指导纲要》明确提出对青少年要开展以天下兴亡、匹夫有责为重点的家国情怀教育。作为班主任,可以通过整体设计的系列化的传统文化教育活动,把爱国主义教育的总目标分层细化,按螺旋式上升体系分年级逐层推进落实,让青少年从中国传统文化的学习中生发家国情怀。具体做法如下。

一、通过经典品鉴活动,感受中华文化之美,培养国家亲切感和自豪感

1. 设计品鉴活动,在参与中感受魅力

中华优秀传统文化教育不是简单的背背《弟子规》、穿穿汉服、喊喊口号,其核心是通过文化教育活动,帮助广大青少年了解中华民族的悠久历史与传统文化,激发他们的民族自豪感和家国情怀,提高人文修养和审美素养。经典品鉴活动不仅能帮助学生熟悉中国优秀的传统文化,感悟华夏文明的博大精深,而且能激发他们的国家亲切感和民族自豪感。比如,在小学低年级学习汉字时,我们可以用写汉字、看字释义、你说我做等活动形式,让学生体会汉字的形体之美;在书法比赛中,可以让孩子体会汉字的结构之美;在初中阶段可以开展诗词诵读活动,带领孩子们与先辈对话,感受仁人志士为国为民的精神之美;在高中阶段可以开展古典名著精彩片段赏析,带领学生体会中国古典文学的意境之美。

2. 融合多元文化元素,在创新中传承经典

近年来盛行的古风作品把古典音乐和流行音乐完美地融合起来,用现代人喜闻乐见的方式解读诗词,悠扬中有轻快,古典中有时尚,融音乐、舞蹈、古诗词等艺术描绘出一幅幅生动优美的画面。在完美地呈现经典的同时,激发了青年人对传统文化浓浓的兴趣和爱好。此外,集趣味性与知识性于一体,内涵与形式兼顾,传承与创新兼得的中国诗词大会也是一个深受学生喜爱的传统文化品鉴活动。更重要的是,这一节目也改变了在校学生对古诗词的看法。古诗词从只

是考试背默的知识点、学生学习语文的痛点，变成学生用来秀实力、展风采的软实力。突然间，不会飞花令就会感到自己落伍了，没看过中国诗词大会就融不进群体了。学校为了丰富校园文化生活，陶冶学生情操，提高广大学生的素养，也组织各级各类古诗文大赛。于是，传统的诗词经过呈现形式的创新或内容的再创作等方式呈现出勃勃生机，不仅被广泛接纳，更成为一种时尚而流行。

不是学生不会欣赏传统文化之美，而是要用新时代学生喜闻乐见的形式去解读经典，在创新中传承经典，赋予它新时代的生命力。

二、通过主题教育活动，感悟中华民族之魂，培养国家归属感和认同感

1. 组织节日体验活动，感悟民族精神内核

作为中华民族优秀文化的重要组成部分，中国传统节假日也是爱国主义教育的重要资源。通过组织形式多样、内容丰富的传统节日庆祝活动，让学生在参与中了解传统节日的来历，感悟传统节日承载的文化内涵和民族情感。例如，在清明节，我们可以组织学生制作、品尝青团，了解清明节的来历；开展清明节扫墓活动和祭奠活动，引导学生缅怀先烈，追思圣贤，在感受传统文化之美的同时，感悟幸福生活来之不易，吾辈当自强。例如，在端午节，我们可以组织端午节庆祝活动，在端午粽子飘香和龙舟竞渡中，纪念心忧家国、情牵百姓的屈原。学习他勇于探索、清正高洁的人格魅力和为国为民的爱国情怀。

2. 遵循学生认知规律，避免造成认知困惑

在利用传统节日设计道德体验活动的过程中，我们一定要遵循认知规律，要关注学生的年龄特征和发展现状。如果没有认真地进行前期准备、有很好的过程管理及多维度的评价总结，活动不仅不能实现育人目标，可能还会造成学生的认知困惑。比如，在学习 *Dragon Boat Festival* 的过程中，教师让学生以课本剧的形式表演课内所学。由于六年级学生单词量及语法基础有限，且课文重点教授龙舟节及吃粽子的表达，对龙舟节和吃粽子的来历，对屈原之死的表达都过于简单。面对有限的课文内容，面对历史知识的严重缺乏，面对英语能力的不足，学生把一个爱国主义教育的素材演绎成穿越剧、戏说剧，继而引发屈原该不该跳江的讨论，有些同学甚至说屈原跳江是"傻瓜"行为。因此，在活动设计之初，教师要充分分析学情，要考虑学生知识、能力、认知水平是否足以完成活动任务。

在活动准备阶段缺少了必要的知识铺垫和教师的指导,离开了当时的历史背景和对古代文人爱国情怀的了解,屈原跳江行为就无法得到学生的认同,无法引发他们的共情。

由此可见,虽然我国传统文化教育资源丰富,但是教育活动设计一定要科学,有适切性和可操作性。中国传统文化是中国数千年沉淀下来的精华,通过道德体验教育活动,不仅要增加学生对历史的了解、对文化的了解,拓宽他们的知识面,更要培养他们民族自豪感和国家认同感。在提高学生思想的深度和广度的同时,引导他们辩证地看待当下的社会问题,客观地分析国际局势,认识个人是国家的组成部分,国家的命运和个人的发展是统一的,维护国家的尊严、安全和利益是每一个中华儿女的责任。

三、通过历史探究活动,探寻中华复兴之路,培养国家使命感和责任感

1. 设计历史探究活动,以史鉴今立大志

青少年是社会主义建设者和接班人,肩负着实现中华民族伟大复兴梦的重要使命。了解党的奋斗历程、新中国的成立与发展、改革开放的伟大决策以及社会主义建设的探索与实践,有助于激发青少年的爱国情怀和奉献精神。因此,我们可以组织以"知历史·明事理·爱家乡"为主题的探究活动,让学生通过探究中国版图的变化、探究中华民族的兴衰历程、探究改革开放 40 多年的伟大成就、探究中国航天之梦等系列活动,深入了解中国国情和发展之路,感悟中华文明在世界历史中的重要地位和作出的贡献。引导学生回顾历史,展望未来,激励学生树立历史责任感和使命感。

2. 开展跨学科学习活动,学以致用明责任

在开展历史探究活动的过程中,如果能贴近学生的生活设计活动内容,更能引发他们的共鸣,激发他们参与的热情。比如,在开展锦绣河湾探究活动中,位于苏州河畔的学校可以把活动主题确定为"知苏河历史·传中华文化·立民族之志",整个活动设计了"忆往昔·知历史""亲河湾·传文化""明责任·立大志"三个环节。第一环节,学生通过查阅《上海志》《苏州河志》等文献资料了解苏州河的历史;通过探访生活在苏州河畔的记忆者,了解更多来自父辈、友人的真实故事。这些生动的故事更容易引发学生的共情,激发他们对苏州河深层次的情

感。第二环节,学生通过参观梦清园,全面了解苏州河的地理位置及上海的水利系统;通过参观元代水闸博物馆,了解古代水利建造的工程技术流程。随着探究活动的不断深入,学生对苏州河的重要性及它对城市文明和文化传承的价值有了进一步认识。第三环节,学生通过探究性学习,了解古代和近代苏州河的污染及它对人类的危害。与此同时,还结合各自的兴趣和研究方向,开展有关苏州河治理和环境保护的课题研究。在这个环节中,学生努力将河长制落实在行动中,在实践活动中践行小河长的职责。

在整个活动的推进过程中,学生与苏州河的关系越来越亲近,他们自发地走进苏州河的过去、了解苏州河的现在、畅想苏州河的未来,也更加关心自己的生活环境,关注社会的发展动态。丰富的体验活动,把活动转换为一种能体现学生主体本质力量并为他们所喜闻乐见的审美形式,充分发挥活动具有的默化内隐功能。

习近平总书记把中华优秀传统文化比喻为中华民族优秀的精神基因,我们要以此作为立德树人教育根本任务的重要内容。作为班主任,我们要充分挖掘传统文化的育人价值,通过班级文化建设活动,在潜移默化中、在文化浸润中,培养师生认同的思维方式和行为方式,提高学生的家国情怀和国家认同感,让爱国主义教育融入学生的心中。

第三节　实践育人流于形式，怎么办
——凸显学生主体　强化综合评价

随着学生对发展需求的改变，学校也从仅作为学习书本知识的地方，转变成学生发挥自我特长、形成自我人格、提升科学人文素养、提供认识社会的渠道、认识自然、了解自我的全方位的育人空间。研学旅行活动既承载着促进学生学科知识从经验走向能力转化的功能，更承载着提高学生社会适应能力，培养学生社会责任感，端正学生价值观等思想道德教育的功能，已逐渐成为重要的学习方式和育人渠道。

【现象扫描】

研学旅行活动符合认知规律，能满足学生发展需求。但遗憾的是，很多研学旅行活动不是内容没有设计好，就是过程没有管理好，教育效果不理想。

如某中学的研学活动方案：

8:00，集合出发前往第一站养老院，学生和老人开展聊天谈心、表演节目、包饺子、打扫卫生等活动。通过养老院之行让学生体验到不一样的感受，能在公益劳动的实践中有所启示，引导他们了解社会、感受社会。

10:00，去第二站参观文化城和博物馆，了解历史变迁、文化遗产和风土人情。学生了解珍贵馆藏文物或历史名人相关的生平事迹。用绘画的形式让学生走近历史，爱上文化。

15:00，第三站参观文化创意园，参观玻璃文化艺术作品，了解玻璃制作工艺和发展历史。

16:30～18:30，研学结束，安全返程。

【归因分析】

很多研学活动虽然内容丰富，形式多样，但学生更多的是旁观者，活动内容繁杂没有主题，活动流于形式。其具体原因如下。

一、方案设计综合性不够

综合性原则强调在研学旅行方案设计过程中要充分体现科技与人文、传统与创新的内在整合，注重学科的融合和科学方法的综合运用，培养学生综合分析问题、解决问题的能力。案例中的研学活动，主要是参观活动，项目与项目之间缺少内在联系，学生缺少综合运用已有的知识解决实际问题的体验，也没有体现科学、艺术、道德的内在整合。

二、项目体验实践性不强

实践性原则主要强调研学旅行活动目标的达成要通过综合社会实践活动来实现。学生往往更容易掌握和记忆在亲身体验中获取"直接知识"，案例中的研学活动没有为学生提供"调查""考察""实验""探究""设计""操作""制作"等一系列实践活动，没有创设真实的情景让学生去发现问题、解决问题，不利于学生实践能力和创新能力的提升。

三、活动过程主体性不显

主体性原则是指在研学旅行活动开发和实施过程中，从目标的确立、资源的选择、评价指标的确立、活动过程的管理等方面鼓励、吸纳学生全程参与，体现学生学习的主体地位。案例中，学生更多是被动参加活动，缺少自主发展的学习体验，缺少内驱力激发的评价机制，不能体现师生互动，共同成长的心路历程。

四、目标确定开放性不足

开放性原则是指研学旅行活动目标的确定要充分体现社会大环境发展的动态趋势，目标应符合时代需要和学生发展的需求。案例中的研学活动，学生活动的时间安排、主题确定、方法运用和成果表达等方面灵活性和开放性不够，没有为学生发挥个性特长和才能提供广阔的空间，因而学生参与的积极性不高。

【实践探索】

为了确保研学旅行教育目标的有效达成，整个活动从策划准备阶段到操作执行阶段，再到总结评估阶段都要仔细安排和精心计划，务必做到项目细化，全程管理，责任到人。以某校巢湖研学为例。

一、家校协同,认真做好准备

1. 做好家长思想工作,家校合力确保顺利

在活动实施前,通过告家长书和学生家长会,统一家长思想,明确研学活动的意义和目的,落实家长需要参与配合的工作与任务,学生家长的认可和支持是活动顺利开展的基础。

2. 明确活动的目的和意义,做好动员工作

对学生进行动员,明确研学活动的目的和意义,讲解活动内容的具体安排和要求,包括学生实践活动手册的填写要求、活动过程中需要注意的细节要求等。要对实践活动的课题进行分组选择,由课题指导教师组织开展前期的课题开题活动。

3. 细化课题筹备工作,知识储备专人指导

巢湖研学活动前期,学校邀请相关专业教师开设"人文类之追踪'三农'、巢湖文化""人文类之国防篇""地质考察类:地球历史与地质知识""科学探索类:野外生存能力""党史""如何开展研究性学习活动"等讲座,让学生提前了解巢湖地质情况、人文历史、'三农'情况。在这个过程中,班主任要做好学生的管理,督促学生按照自己选择的方向做好准备。

二、过程管理,细化活动流程

1. 学生分组活动,学会团结与合作

在巢湖研学活动中,学生按照各自研究的项目和学习小组对凤凰山、平顶山采石场、铸造厂采石场等考察点进行考察。大家按照个人的分工不同,在考察中学会团结与合作,学会分享与交流。

2. 教师定点监控,保障安全与秩序

班主任监控整个班级的活动秩序,各学科带队教师、课题指导教师负责课题专业的指导与队伍整体的安全,担任观察员的师生则是各个考察景点的讲解员,负责答疑解惑。教师各司其职,确保活动安全顺利开展。

3. 学科整合资源,联系理论与实际

在活动中协同学科教师,有机整合课堂内的知识,如"与将军对话,坚定理想信念"暨高二党校学员参观李克农故居,体会信仰的力量,思考人生信仰,坚定爱党爱国

的理想信念,使思想政治课与主题团日教育活动结合;设计了"与先贤对话"游褒禅山、霸王祠的人文考察活动,学习王安石的变革精神,并从项羽的一生反思自己的人生观和价值观,提升学生思辨能力,也是语文与历史跨学科教学活动的有效探索。

4. 学生自主管理,辨明他律与自律

在研学活动中,学生需要独自面对离开家庭后的生活问题。如何让学生提高生活自理能力和自我管理能力,是研学活动重要的教育目标之一。班主任充分利用学生干部和学生自主管理,充分发挥班级舆论的导向功能和督促功能。

5. 班会及时反馈,做好分享与总结

班务会是班主任了解当天各小组活动情况的重要平台。一方面对课题实施的情况进行监控和校正,另一方面对第二天的活动与工作进行先期的布置和动员,关注学生活动的进展及精神状态。

三、综合评价,发挥导向功能

1. 做好评优,激励成长

组织学生做好评优工作。在活动结束后,对研学旅行教育目标的达成度、参与学生的评价与激励、师生对实践活动的反馈是本次活动实施情况的重要评估手段。通过对学生的学习态度、问题解决能力、合作意识、奉献精神、生活能力、团队贡献度等指标的评价,以自评与他评相结合、教师评与学生评相结合、终结性评价与形成性评价相结合的方式,评选出学校、年级、班级不同层面的积极分子、优秀学员、优秀课题组。

2. 做好总结,提升实效

活动结束后要做好各环节、各层面的反馈。首先,就学生在研学过程中的表现和成长,除了班级微信公众号的推送,还要组织亲子交流活动,有助于和谐亲子关系的建立。其次,组织教师恳谈会,从带队教师层面了解学生参与活动的情况、活动目标达成情况。最后,在组织学生做好个人总结的基础上,还要做班级层面的总结,对学生积极的表现给予肯定,对学生参与活动过程中存在的问题给出提醒和建议。

3. 做好展示,示范辐射

活动后期的总结与展示能充分发挥其辐射效应。通过向全校师生汇报项目学习的整体情况、展示学生制作的主题海报、宣传栏展出活动掠影等形式,锻炼学生总结归纳能力、语言表达能力,也有助于不断推进和完善研学旅行项目,扩大影响力。

古人云:"读万卷书,行万里路。"研学旅行活动有机统一了学与行,是新时代学生学习的重要方式,也是促进教育发展和学生成长的实践探索。班主任要做好过程管理,思考项目的班本化实施,力求在共性中凸显特色,带领学生透过充满求知欲和好奇心的窗,开辟一条自主探究的路,在行走中汲取成长的力量。

第四节　理想信念教育没有实效，怎么办

——凝聚家校合力　导航生涯规划

很多学生对"人的生命价值是什么""如何实现生命价值"的问题没有认真思考过，缺少自主选择和自我规划的意识和能力，也没有树立积极向上的理想信念。凝聚各方教育资源，指导学生合理规划生涯，形成清晰明确的人生目标和勇于担当、努力奋斗的人生态度，是新时代班主任必须承担的使命。

【现象扫描】

每次新接班，小张老师总会问学生们："你有什么理想吗？将来想做什么？"近年来，大部分学生对这个问题的回答是：

"没想过将来做什么，不知道啊。"

"什么工作赚钱多，就做什么吧。"

家长不重视学生缺乏理想信念的问题，觉得这无关紧要，只要好好读书、将来找个好工作就行了。

当学生学业成绩下降时，张老师试图用"理想"去激励他们，可学生回答：

"要这么努力有什么意义呢？混日子也挺好的，总有学校要，又不会饿死。"

"最差去送外卖，又不需要学历，难道还怕找不到工作？"

当今中学生缺乏理想信念已经成为普遍性问题。不论是填报志愿、征询就业意向还是职业体验活动，不少学生表现出迷茫或莫名的自信。中学生职业理想调查结果显示，在被问到是否有长远的职业理想时，回答"我有目标，但不止一个"和"有一些考虑，但不确定将来做什么"的比例分别达到 40.77％和 42.73％，而回答"我的目标很明确，只有一个"的仅有 12.07％；对今后将从事的职业方向回答"不确定"的高达 60.96％。这些数据足以说明中学生缺乏理想信念问题的严重性，究竟如何才能解决家庭教育和学校教育的困境，有效开展中学生理想信念教育成为摆在班主任面前亟待解决的问题。

【归因分析】

一、家长缺少正确的理想信念教育意识和指导方法

家庭环境的局限性是造成家庭理想信念教育困境的主要原因。家庭是青少年心理和性格形成的重要场所,也是他们形成世界观、人生观、价值观的首要场所,家庭教育对孩子的性格成长、兴趣爱好乃至职业选择都有着极其重要的影响。但是,许多家长缺乏理想信念教育意识,采用简单说教的方式进行教育,甚至用金钱奖惩代替体验教育,再加上部分长辈对孩子的过度保护,直接减少了孩子对人生意义、理想规划的考虑。此外,家长虽然希望参与孩子的理想信念教育,也有一定的专业知识和丰富的资源,但苦于缺少教育方法和适宜的环境。

二、学校缺乏充足的生涯规划教育资源

虽然学校十分关注理想培养,开设不同的兴趣课来增加学生的体验,但授课教师往往都是兼职的,不具有专业性;请专业人员又受资源、资金、时间等多项限制。在生涯指导方面苦于缺少职业化、专业化的体验和针对性指导,不能为学生提供丰富而充分的职业体验、专业引领和榜样示范。

【实践探索】

一、指导家长优化教育理念

在学生生涯选择过程中,父母往往由于缺乏经验,视野受限等,难以做好陪伴、辅助与指导。如何协助家长陪伴孩子做出适应性的生涯抉择呢? 班主任可利用家长课堂、家长座谈会、线上学习等多种形式,帮助家长更新教育观念、优化家庭教育环境、改变家庭教育方法。通过生涯规划普及讲座,进一步帮助家长认识生涯教育的重要性,明晰父母在子女生涯发展中的角色定位;通过家长沙龙、个别指导等方式,帮助家长降低心理焦虑,解决青春期亲子沟通不畅的问题。

二、组织建立班级家长导师团

班级家长导师团是一种通过班主任与家委会紧密联系,聘请家长担任学生

职业发展团队导师并提供信息资源,班主任根据导师建议组织学生进行职业理解交流和模拟面试等体验活动,最后由导师、班主任和学生团队代表综合反馈评价的多元化合作发展模式。其组织方式大致如下。

1. 宣传推广。许多家长乐于了解孩子表现和配合班主任开展教育,但是缺少合适的手段和契机,所以开展前可先通过家长会和家长群介绍成立班级家长导师团的目的,说明开展学生职业理想教育的意义和具体模式,动员更多家长提供专业信息和担任导师,从单向的被指导者转变为孩子教育的参与者、指导者。

2. 问卷调查。班级家长导师团的发展模式旨在整合家庭、学校和社会的各种资源,建立有效的互动合作平台,确保理想信念教育的专业性、一致性和连贯性,发挥最大教育效益。因此,了解家长对担任家长导师的意愿、从事的职业、具备的专业知识和资源尤为重要,选择问卷调查是获取相关信息的重要途径之一。

3. 资料收集处理。合作教育的开展应符合家长实际情况和学生情况,进行专业性、系统性规划。因此,班主任应根据家长提供的信息,按照职业相近性、能力和资源互补性分成对应的数个行业。

4. 建立班级家长导师团。根据前期调研的家长兴趣和特长,每个导师团队由 4～5 位家长组成,并进行分工,包括:生涯信息导师负责指导学生了解和收集与职业相关的信息,生涯联络员为学生提供职业体验、实地参观、志愿者服务等机会,生涯人事导师负责模拟招聘等。

班级家长导师团让家长从家庭教育的被指导者转变为孩子教育的参与者、组织者、研究者,家长不再是被动了解孩子信息和参与学校活动,而是掌握了参与和设计活动的主动权及对孩子表现的评价权。同时作为导师的权威性和自豪性又激发了家长和子女与班主任有效开展家校合作育人,通过家长委员会和微信群的联系,积极反馈,交流学生问题,提出建议,打破了时间和空间上的限制,促进了学生持续性发展。

三、带领学生参与生涯活动

在班级家长导师团的帮助下,班主任组织学生参与形式丰富的社会实践活动,发现自身潜力,体验工作不易,明白个人优势与不足,进而确立理想和信念。

学生可先按照兴趣自由分组,由家长导师带领参加各类生涯活动,如参观职业场所、与职业人士采访互动、聆听"家长讲坛"、参与志愿者服务等。

　　教育的核心终应是学生的成长,只有关注学生自身的成长需要和核心竞争力提升,引导学生在专业知识上提升实力和增强理想信念,才能从根本上激发学生的积极性。在生涯活动中,以学生的兴趣培养学生的能力,坚持以人为本,关注学生实际问题与需求,进行针对性指导。学生不仅更深入地了解职业全貌,思考生涯规划,还开阔了视野,对理想信念有了更深入思考。

第五节　劳动教育目标不落地，怎么办

——活动设计长程化　目标落实阶段化

劳动是人类生存和发展的最基本条件，对学生进行劳动教育的重要性得到了全社会的一致认同。然而，在具体实施劳动教育的过程中，经常会出现"有教育无劳动、有劳动无教育"的问题，劳动教育目标难以落地。《大中小学劳动教育指导纲要（试行）》指出：中学劳动教育要注重日常生活劳动习惯的养成，根据学生年龄特点有序安排劳动教育内容要求。因此，针对不同年级学生的特点和需求，设计相应的长程化主题教育活动，有助于劳动教育目标的落地。

【现象扫描】

教室日常保洁、校园包干区保洁和校内执勤志愿服务，是学校开展劳动教育的主要内容，也是培养学生对学校、社区负责任的态度和社会公德意识的重要载体。一般情况下，班级轮到校园晨扫，班主任都会把它当成常规工作布置下去，六（4）班李老师也是这样操作的。没想到，从承担校园晨扫任务的第一天开始就问题频出：每天都有学生迟到；有的学生把垃圾扫到草丛、树丛中；有的学生拿着劳动工具追逐打闹；有的学生不停地抱怨；还有的学生应付了事；甚至有学生直接放弃任务。总之，学生参加劳动的积极性也越来越低。李老师很困惑，不知道哪里出了问题。在学生座谈会上，小强同学说："李老师，学校里有保洁阿姨，为什么还要我们晨扫？"小明说："我们在家里从来没扫过地，不知道怎么使用劳动工具。"小婕说："老师只说让我们扫地，没有告诉我们怎么扫，我们不知道要扫到什么程度。"……看着学生们一脸无辜的表情，李老师不禁陷入了沉思：不仅晨扫有问题，而且班级日常保洁也是问题多多，课前黑板没人擦，走道里垃圾没人管，垃圾桶满了没人及时清理……也许问题不在学生，而是在教师身上，没有跟学生明确劳动的意义，没有根据学生的实际情况设计活动。

【归因分析】

班级劳动教育目标不易达成，除了有学生认知的原因，还有活动设计的合理性和有效性等问题。

一、劳动活动的开展教育性不显

班主任在布置晨扫任务时，仅仅把劳动当成一项任务来对待，更看重最后结果，而忽略了劳动本身就是育人的有效方式和重要内容。劳动活动的教育性应体现在整个活动过程中，不仅内容呈现要有教育性，而且实施过程就是教育过程，要抓住教育契机。

二、劳动技能的培养系统性不够

劳动教育是五育的基础和落脚点，对学生开展劳动教育，要与学生的日常生活紧密结合，与教育的方方面面相融合。六年级学生由于年龄较小，对劳动技能的认识和掌握尚处于初级阶段；如果缺乏有效的指导和持续的实践机会，他们不易养成良好的劳动习惯，也很难形成扎实的劳动技能基础。

三、劳动教育的价值导向性不明

学生受到家庭和社会环境的影响，对劳动的重要性认识不足。学校在劳动教育方面的宣传力度和实践体验不够充分，导致学生缺乏参与劳动的内驱力。此外，教育内容和方法过于理论化，缺乏与现实生活的紧密联系，学生也难以深刻领会劳动的真正价值。

【实践探索】

学生的劳动技能、劳动意识、对劳动价值的理解并不是一蹴而就的，而是伴随着年龄的增长和心理的逐渐成熟而逐步形成的。基于此，为了更加贴近学生的实际需求和心理特点，需要针对不同年级的学生设计与之相适应的长程化主题教育活动。这样不仅有助于学生的技能提升，更能促进其心灵的成长和全面发展。

一、积基树本，六年级劳动技能的培养

在六年级阶段，劳动教育的重点是培养学生的基本劳动技能。通过设计"手工制作与家政实践"的长程化主题教育活动，教学生制作手工艺品、参与家政服务等实践活动，让他们亲身体验劳动的乐趣，学习并掌握基本的劳动技能。

在实际教育过程中,组织学生开展"制作环保手提袋"的手工制作活动。学生利用废旧材料,通过剪裁、缝制等步骤,动手制作实用的手提袋。这一活动不仅锻炼了学生的动手能力,还培养了他们的环保意识和创新思维。同时,还引导学生参与家政服务,如打扫房间、清洗衣物等,让他们在实践中学习基本的生活技能,培养独立生活的能力。

二、耳濡目染,七年级劳动意识的树立

进入七年级,劳动教育的重点转向树立学生的劳动意识。通过开展"校园清洁日"和"志愿服务周"等长程化主题教育活动,让学生在参与劳动的过程中认识到劳动的重要性,从而自觉树立劳动意识。

在"校园清洁日"活动中,组织学生共同打扫校园卫生、清理垃圾和杂物。学生们分成小组,有的负责清扫落叶;有的负责捡拾垃圾;有的负责清理墙角的杂物。在大家的共同努力下,校园的每个角落都变得干净整洁。通过亲身参与劳动,学生们深刻体会到干净整洁的环境对学习和生活的重要性。他们发现,在一个整洁的环境中学习,心情更加愉悦,效率也更高。因此,学生更加珍惜自己和他人的劳动成果,自觉维护校园环境,不乱扔垃圾,见到杂物也会主动捡起。

为了进一步培养学生的劳动意识和社会责任感,还开展了"志愿服务周"活动。引导学生走出校园,参与社区服务、敬老院慰问等志愿服务活动。在社区服务中,学生们帮助清理小区卫生、为居民提供便民服务;在敬老院慰问中,他们陪老人聊天、为老人表演节目、帮助老人整理房间。

通过这些实践活动,学生们亲身体验了劳动的价值和意义。他们发现,劳动不仅能创造美好的环境,还能为社会带来正能量,让人们的生活更加美好。因此,学生们更加热爱劳动、尊重劳动者,他们纷纷表示要努力学习、掌握更多的知识和技能,将来为社会作出更大的贡献。

三、身体力行,八年级劳动价值的理解

八年级阶段,学生对劳动价值的理解成为劳动教育的重点。通过开展"劳动故事分享会"和"劳动实践体验营"等长程化主题教育活动,引导学生深入理解劳动的价值和意义。

在"劳动故事分享会"上,邀请各行各业的劳动者来校分享他们的劳动故事和心得体会。学生们通过聆听劳动者的真实经历,深刻感受到劳动的不易和劳动者的伟大,从而更加珍惜劳动成果、尊重劳动者。在"劳动实践体验营"中,组织学生参与农业生产、工业制造等劳动实践活动,让他们亲身体验劳动的艰辛与快乐,从而更加深入地理解劳动的价值和意义。

四、融会贯通,九年级综合实践能力的提升

到了九年级阶段,劳动教育的重点是培养学生的综合实践能力。通过开展"创新创业项目设计"和"社区服务实践"等长程化主题教育活动,提升学生的综合实践能力和创新能力。

在"创新创业项目设计"活动中,引导学生结合所学知识和技能,自主设计创新创业项目。学生们通过市场调研、项目策划、实践操作等环节,将理论知识与实践相结合,提升了自身的创新能力和实践能力。在"社区服务实践"活动中,鼓励学生积极参与社区建设和服务工作,如社区环境整治、文化活动组织等。学生在实践中不仅提升了自身的组织协调能力,还增强了社会责任感和公民意识。

针对不同年级学生的特点和需求,长程化设计主题教育活动,把劳动教育目标分解到不同的年级,将劳动教育深度融入学生的日常生活和学习中,使学生对劳动教育的认知情景化,引导学生在情景化的活动中体验、感悟,并逐步内化为自身的行为。在感受劳动带来快乐的同时,培养劳动技能和劳动意识,落实劳动习惯的养成,领悟劳动的意义价值,促进学生的全面发展。

第六章

凝聚三位一体的育人合力

"家校社"共育强调学生的全面发展,教育资源的充分整合,以及育人方式的不断创新。家庭要营造良好的家庭教育环境,为学生的健康成长奠定基础;学校要提供优质的教育资源和教育环境,促进学生的全面发展;社会则提供广阔的实践平台和机会,让学生在体验中锻炼和成长。通过坚持学校主导,立足家庭主体,激发社会力量,三者相互配合、相互补充、相互支持,凝聚育人合力,为学生的成长提供更加全面、更加深入的支持和保障。

第一节　理论概述

孩子的教育需要教师、家长、社会的共同努力，其中教师与家长之间的合作更为重要。积极构建以家庭教育为基础，以社会教育为依托，以学校教育为保证的大教育格局，加速学校、家庭、社会教育一体化进程，是新形势下进一步加强和改进未成年人思想道德建设、全面实施素质教育的必然要求和迫切需要。坚持学校主导，在"主阵地"形成"新纽带"；立足家庭主体，把"旁观者"变成"主力军"；激发社会力量，把"满天星"聚成"一团火"。三者相互配合，形成教育合力，在教育者和受教育者之间架起一座桥梁，才能促进学生的健康成长。

一、概念界定

三位一体的育人合力是指以学校教育为主导、以家庭教育为主体、以社会教育为支持的共同育人的力量。学校、家庭、社会三方面教育在方向上统一要求，时空上密切衔接，作用上形成互补、协调一致、形成多维立体的合力，发挥教育的整体效应。

家庭教育具有及时性、针对性、早期性等特点；学校教育具有明确的目的、详细的计划、专业的教育人员等特点。家庭教育与学校教育各司其职又有机统一，相互联系、相互依存、相互促进，两者结合具有一致性、互补性、倍增性。

社会教育则为学生的成长提供各类支持，提供诸如课程、场馆、人力等资源，营造良好的教育氛围，对学生的生涯教育和家庭教育提供专业的指导。社会教育与家庭教育、学校教育相辅相成、相得益彰。实现家长、学生、社会三者的协同教育，能更加有效地整合各种教育资源，促进学生的全面发展。

二、价值意义

1. 协同育人的价值

良好的家校关系，对改善学生在校表现，提高学校效能以及改善家长育儿理念、提高家长育儿能力等方面都具有积极作用，是实现多方"共赢"的基础和保障。

（1）协同育人能提高学校办学质量

学校公开信息能让家长更多地了解学校，而家长的监督亦可以促进学校民主管理。

挖掘、整合家长的资源,能丰富学校的教育资源,为学生研学旅行、综合实践、生涯指导课程提供专业指导和资源支持。

班级成立家委会,凝聚家长的力量,共同参与班级文化建设、学生实践活动和班本课程的开发等,能提高班级建设水平,提升教育效果。

(2) 协同育人能改善家庭教育状况

学校通过家长会、讲座、家长沙龙等各种形式进行家庭教育指导,能提高家长的家庭教育的科学性,了解青春期学生身心发展和认知的规律,掌握亲子沟通的方法,改善亲子关系。指导家长用科学的方法激发学生的积极性,提升对自我的认知,引导其探索适合自己的学习方法。

家校沟通让家长全面了解孩子的在校学习、生活、人际交往、环境适应情况等,更多地参与他们成长的过程,增进彼此理解和接纳,营造和谐的家庭氛围。

(3) 协同育人能奠定共育情感基础

学校和家长充分的沟通和协商,能让家长深入理解学校的办学理念和教育教学举措,以及学校、教师为学生成长的不懈付出,增加对教师专业性的认可,营造互尊互信的家校关系,为家校合力的形成奠定基础。形成更紧密的合作互补关系,从而使家长愿意接受学校的意见,能主动地参与学校的办学过程,并发挥积极的作用。

(4) 协同育人能健全成长支持系统

学习的过程就是学生社会化的过程,在此过程中学生必须具备未来踏入社会所需要的认识自我、发展自我的能力,解决问题的能力与适应社会的能力等。因此,学习不能只停留在课本层面,学习也不能只发生在教室和校园里。教育应打破学习时空的壁垒,让社会为青少年提供资源的支持和专业的引领,搭建平台,创造学习和锻炼的机会,让学生走进生活,学以致用,去探究、发现、实践、反思。

(5) 协同育人能促进学生全面发展

家校社协同育人能拓展教育的时空,完善学生的人格,让学生成为身心健康、道德高尚、情感积极、审美高雅、价值观正确,德智体美劳全面发展的人。能正确认识自我,有明确的奋斗目标,并能为此积极奋斗。

家校社协同育人能有效提升学生社会情感能力，能较好地管理情绪，有亲近社会的能力，能和睦地与他人相处，遇到问题能理性地看待并解决。

2. 家庭教育指导的意义

（1）有助于家长转变教育观念和方法

通过家庭教育指导，来引导家长尊重孩子的发展需求，尊重孩子的兴趣爱好，尊重孩子的个体差异，用科学发展观直面孩子的问题，改善亲子关系。

（2）有助于家长提升教育的信心和能力

对不同文化层次、不同教育背景的家长进行"因材施教"式的家庭教育指导，有助于提高家长的教育信心，提升家长的教育能力。

（3）有助于促进学校教育的有效落实

学校教育的效率在一定意义上取决于家庭对学校充分的了解和信任，学生的健康发展需要学校和家庭教育的相互补充。

（4）有助于家长增强参与学校教育的主动性

通过家庭教育指导活动，多元多渠道地与家长交流沟通，拉近家长与学校的距离，使家长全面了解学生的现状、充分了解学校的教育，亲身感受社会需求，从而增强家长参与学校教育的主动性和积极性，与其他教育形成合力。

（5）有助于满足学生个性化发展的需求

面对不同的个体和需求，通过家庭教育指导，家长可以给孩子提供特别的关注，根据孩子的兴趣爱好设计体验活动，丰富课余生活，培育健全人格，与学校教育互补，满足孩子个性化发展和兴趣培养的需求。

三、遵循原则

1. 协同育人的原则

（1）学校主导原则

学校是教书育人的主阵地。学校教育职能的专门性、组织的严密性、作用的全面性、内容的系统性、手段的有效性、形式的稳定性，体现了在学生成长过程中学校的专业性。在履行教育教学职责的过程中，学校应主动与家长建立精神支持、真诚互动、协同合作的家校关系，开展科学、有效的家校沟通和家庭教育指导。根据学生发展的实际需求，找到适合的教育契机，适时开展学生思想引导、学业辅导、心理疏导、生活指导、生涯指引等全面发展的示范与指导。

（2）目标一致原则

全社会、包括家庭都应以立德树人作为教育的根本任务。

家校要在教育目标、教育理念、教育方法、教育评价、教育责任上抱有一致的信念,树立共同成长的理念。家校要秉持同样的原则,向学生提出同样的要求,凝心聚力,共同分析孩子们的特点,制订一个大家都认可的目标。有了共同目标后,教师和家长要进一步将这些目标分解为阶段性目标,共同承担起育人的责任,逐步实现各阶段性目标和总目标。

（3）平等尊重原则

教师和家长应相互尊重,避免以挑剔的眼光来评论和指责。教师应全面了解学生的家庭状况,如家庭结构、家庭观念、父母归因方式、家庭期待、家庭投入、教养方式、教养行为等。在面对各种不同背景、生活经验、教学理念的家长时,教师必须以开放的胸怀和包容的心态,承认差异、接受差异,尊重千姿百态的家庭、需求各异的父母、教养方式的多型。只有尊重家长的价值观和生活方式,及时换位思考,才能与家长形成情感上的共鸣,使各层面的家长积极参与学校的各类活动,有助于双方教育合力的形成。

（4）全面沟通原则

教师与家长应及时共享信息。共享的信息包括孩子的在校表现、家庭生活、情绪体验、成长需求、认知现状等;共享后要分析、归因,进行干预和引导。此过程是为了帮助孩子的成长,因此,"信息共享"不仅是教师和家长之间的共享,还包括孩子拿出信息来共享,即孩子与家长的沟通。教育不是教师和家长的事,更是孩子自己的事,需要孩子愿意分享感受、表达需求。只有这样才能推动沟通和交流,达成教育效果。

（5）循序渐进原则

家校合作是一个循序渐进、层层推进、逐步深入的过程。从任务导向的配合关系,到各司其职的支持关系,再到相互信任的伙伴关系,为孩子身心健康发展奠定基础。教师和家长的合作关系由较低层次的合作向较高层次的合作伙伴关系发展,合作的内容也从单一的学业合作,发展到关注学生思想品德、身心健康方面的合作,进而共同推进青少年全面健康发展。

2. 家庭教育指导的原则

（1）学生为本原则

《全国家庭教育指导大纲》明确：家庭教育指导应注重科学性、针对性和适用性。

家庭教育应遵循学生的身心发展规律和教育规律，考虑不同年龄学生的身心发育特征和认知水平，对他们的教育要循序渐进、螺旋上升。

家庭教育应针对学生的成长需求，如被爱的需要、学习经验的需要、独立自主的需要、自我实现的需要等。家庭教育应体察、尊重学生的合理需求，创设条件，提供支持，最大限度地满足学生成长成才的需求。

家庭教育应适合学生的发展，根据各人不同的条件、优势、兴趣等，选择适合学生个性发展的教育方式和内容，帮助他们认识自我、发现自我、实现自我。

（2）家长主体原则

面对孩子的教育，家长要发挥家庭教育的主体作用。家庭是人生的第一所学校，父母是孩子的第一任老师，家庭教育在孩子的成长中起到奠基的作用。只有充分发挥家长在家庭教育中的主体作用，学校教育和社会教育相结合才能让立德树人的理念真正落实。

家长要主动和学校形成合力。首先，积极和老师沟通，全面了解孩子的学校生活和成长过程中的兴趣特长、性格特点、情绪变化、成长困惑等。其次，积极配合学校德育，在共同的教育目标下以身作则，引导学生树立正确的人生观与价值观，养成良好的习惯和品行。再次，积极参加学校组织的亲子实践活动，在与孩子沟通的过程中增进彼此的了解，帮助孩子增强社会适应力。

学校要让家长认识到他是主体，并创造条件，让他知道如何发挥主体作用。学校应充分了解家长在家庭教育中的需求，尊重家长的意愿，调动他们参与家庭教育指导的积极性。帮助家长树立学习意识，学习科学的教育理念与方法，提高教育素养。

（3）多向互动原则

《全国家庭教育指导大纲》明确：要建立指导者与家长之间、家长与家长之间、家校之间的互动，形成相互学习、相互尊重、相互促进的环境与条件。因此，家庭教育指导要方法多样、形式丰富，尽可能整合资源，如邀请家长参与主题班会、校园活动展示等，让家长有更多机会与学生进行交流，更充分地参与学生生活，与他们有更丰富的话题。也可以开展家长沙龙、家庭教育指导工作坊、家长读书会、家长导师团等。让家长与家长对话，使一些行之有效的方法得以被借鉴。主题式讨论让家长在学习过程中产生共鸣，进行反思，更新理念，自我调整。

第二节 家班共育中家长的参与意识不强，怎么办
——尊重家长权益 丰富活动形式

孩子的教育离不开教师，更离不开家长。随着教育理念的提升，越来越多的家长开始重视自己在孩子学习生活中所扮演的角色，家长尝试参与孩子的学习，希望能陪伴孩子一同经历这段成长的日子。

参与学校活动，被家长认为是陪伴孩子成长的重要途径之一。但是，如何让家长主动参与学校活动？如何让家长真正发挥自己的力量，助力学生的成长？这类问题实打实地摆在班主任面前。

【现象扫描】

"沈妈妈，学校最近有个活动，需要你抽空来参加，好吗？"

"不好意思啊，老师。最近公司在盘点，我这边很忙，没办法参加，下次一定来。"

这已经是第 N 位回绝小朱老师邀请的家长了，"唉，看来这次家校活动，我们班家长的出勤率要再创新低了。"

小朱老师回忆，六年级初，家长对学校工作十分配合。微信群里，只要老师发布通知，大都是秒回；学校开展的活动，几乎"随叫随到"。校庆文艺表演时，场地边都是家长的身影。

但是，不到半个学期，情况就发生了改变。随着学校活动的增多，纵使家长有时间，也没有办法每一次都参与。家长群变得安静起来，学校活动的参与度也越来越低。

【归因分析】

一、家长对学校活动有机械式的任务感

从小到大的教育，让家长产生一种固定思维：孩子出现了问题，教师才会找家长去学校；学校有需要了，教师才会通知家长去学校；学校有任务了，教师才会要求家长参与完成。家长将自己与教师放在了"责任不平等"的位置上，认为对学生的教育是教师的职责，而家长的职责就是配合教师、配合学校。因此，家长只是一味地等着配合，缺少主动参与的积极性。

二、家长对自身能力的认知产生偏差

很多家长认为自己文化水平有限,也不是从事教育工作的,没有能力,也没有必要参与学校教育活动;对学校开展的很多活动,自然会有老师或专业人士进行指导,自己完全没有必要插手干预。因此,家长对自己的能力产生了认知偏差,认为自己没有参与的能力,也就不想参与了。

三、家长对家校活动的体验不佳

学校组织的活动形式虽然不少,但目前仍局限于家长会、家长学校、家访等。家长会面向的是大部分家长,提的都是共性问题,很难让所有家长有共鸣;为了提高家长的教育水平,为家长提供更多的教育方法,学校为家长开设家长学校,以讲座为主,向家长输出,但更多的是理论层面的,对家长而言,实践意义一般;家访的渠道较为单一,出现问题,才会有联系,缺少有计划、有深度的共育层面上的合作。因此,家长对学校活动体验不佳,参与感不强,也就不积极参与了。

四、学校对家长的参与定位不明

学校不能仅仅站在自己的立场上,单方面地想让家长配合完成任务、提供社会资源,不能将"对家长下命令"当作"家班共育"。

其一,如果平时只把家长当作教育资源的拥有者,只在需要家长提供资源时才想到找家长,此时家长容易出现作为"被利用对象"的失衡感,最终会影响家校合作工作的进行。

其二,如果只是让家长成为"被通知者",那么家班之间的交流就显得苍白冰冷,缺少情感的衔接与共鸣。如果只在需要家长配合完成某项任务时才找家长,即使家长愿意配合学校,也只是出于对教师的尊重,并不会在心里真正认可教师和学校。

【实践探索】

一、明确家长的教育作用

学生综合能力的提升,不仅取决于教师的教学,而且也受到课堂外因素的影响。其中,家庭教育对孩子的影响力巨大。学校教育更多偏向于学科的学习、知识的获取、能力的锻炼,而家庭教育带给学生的情感体验、价值影响,两者对学生的成长都具有很大的影响。要让家长明确自己在学生教育中的重要地位,明白自己对学生成长的影响力不容忽视。因此,如果能将家长的影响力引入学校教育,那么教育的效果一定会成倍增长。

二、尊重家长的权益意识

我们需要尽可能调动家长参与学校教育的热情,获得家长对学校管理和发展的认同,也需要家长了解学校的教育教学目标,使家庭教育配合学校教育。这样才可以让家长从被通知者、被指导者变为参与者、合作者。这就要求我们,在开展家班共育之前要明确家长的权益:家长可以参与哪些内容? 行使哪些权力? 我们要充分尊重家长的诸多权益,如知情权、监督权、参与权、评价权等。

有时我们会遇到这样的问题:学校要组织活动,家长却不认可,认为耽误了孩子的时间,自己也不愿意参与,怎么办呢? 这就涉及尊重家长的知情权问题。在开展活动前,我们要和家长说明活动的意义,指导家长如何帮助孩子做好时间分配,而不是简单地通知家长“我们要开展这项活动了”。

除此之外,我们在进行家班共育活动时采取的方式必须建立在家校互信的基础上,尊重他们的人格与自我意识,用家长听得懂的语言去讲家长需要的东西,站在家长的立场上想问题。和教育学生截然不同的是,家长虽然是被指导的对象,但他们并非消极地接受指导。他们对指导是一个选择的过程,而不是听话的过程。家长的自主意识和独立人格使家长在指导过程中的行为大都是根据自己的观念、需要做出选择。因此,家庭教育指导的内容要让家长听得进去,否则就会排斥班主任。

三、正视家长的自身能力

家长的能力不单指家长的专业知识,还体现在他们自身所具备的资源。学校活动的有效开展离不开校内外资源的整合,家长的参与提供了活动专业的指向性,同时也带来了外部的资源,给学生更真实的体验、更专业的知识。家长在提供专业指导与资源的同时,也认可自己在学生教育中的能力,增强其主动参与学校活动的意愿。

四、提升家长的参与感受

学校活动的内容与形式决定了家长参与的实感，单一的内容灌输与被动的消息传达已经无法满足家长的需求。要改变现有活动的形式，建立新的组织模式，邀请家长成为组织活动的主体，把家长当作教育的实施者来看待，让家长有选择与决定的权利。在活动中多从家长角度出发，增加家长与学生的互动接触，提升家长参与活动的实感。

家班共育的内容应契合学生现存问题或家庭教育中的难点，亦可通过展现学生的才华能力来促进亲子关系的融洽，让家长真正有所收获，有所感悟。

家班共育的形式不仅是讲座等认知性指导，还可以包括体验性指导和活动性指导，搭建亲子沟通的平台。设计活动时，要有整体意识，要让更多的家长体验、参与、支持。从随机性活动变成持续沟通支持，从单向灌输变成体验、分享，从单一领域指导变成全领域互动，从被动参与变成主动参与，让家长参与设计和管理。活动的方式丰富多彩。比如，个性化家长沙龙、亲子主题班会、亲子共读、家书活动、家庭打卡等。

五、尝试组建"家长社团"

"家长社团"是根据家长的兴趣特长、职业背景、个人意愿等，分成若干小组，让家长更好地发挥自己所长，在学校活动中各司其职、分工协作。

例如，"学习组"家长关注到一些好的教育资源，如微信推文、教育新闻等，先发送给班主任，班主任甄别后再由家长发布到家长群中，供大家学习讨论，或收集家长在家庭教育中遇到的困难，作为学校开展家庭教育指导的选题依据。"互动组"家长有自己的表演特长，可以参与班级、学校的各类文体活动，与孩子一起登台表演。"拓展组"家长能在"家长讲坛"上教学生一些新的技能或知识，介绍自己的工作内容，帮助学生拓宽视野，启发生涯规划。"联络组"家长推荐社会场馆的参观信息、参加社会实践的资源。"策划组"家长根据本班学生存在的问题，尤其是家庭教育、亲子沟通中出现的问题，和班主任一起集思广益，提供家班共育的"金点子"并组织实施，充分发挥家长参与的主体性与创造性。

班主任要借助活动为家长搭建平台、创造条件，让参与的家长真正觉得有所得，有所获，让家长感受到见证并参与孩子成长的幸福感。这样家长就不会认为"参与活动"是为了完成学校的任务、教师的要求。一旦家长的积极性被充分调动起来，那么后续工作就容易开展。以常规活动为基础，以小组合作为纽带，以特色活动为催化剂，促进家长参与学生的教育教学，助力学生的健康成长。"家长社团"的开展在一定程度上丰富了学校和家长的互动。

需要注意的是，在开展"家长社团"的过程中，班主任既要充分信任家长的能力，给他们最大的空间来发挥创意和能力；同时又要做好监管与导向作用，让家长朝着正确的方向去拓展，助力班级建设与学生成长。

第三节　劳动教育中家校合力未形成，怎么办

——建构多元劳动空间　设计融合主题活动

劳动教育是学生德智体美劳全面发展的内容之一。但是，学生对劳动的认识还存在不足，有些学生轻视劳动，不愿劳动，甚至鄙视劳动。班主任应以提升劳动意识、设计劳动课程和探究劳动实践等方式培养学生热爱劳动的情感，增强学生自觉劳动的意识，提高学生劳动的自觉性与积极性。

【现象扫描】

"老师，值日生都跑了，但教室里还很脏呢……"劳动委员沮丧地来找班主任小吴老师求助。小吴老师跟着来到教室，看着灰扑扑的地面、歪歪斜斜的桌椅、垃圾桶后面的纸团，不禁怒从心中来。"老师，同学们做值日不认真。我让他们再打扫一下，他们说已经扫完了，根本不听我的。"劳动委员解释说。

第二天，小吴老师找到几位值日生，他们说："我觉得已经扫得很干净了。不就是个小纸团嘛，这没关系的呀。"

"我们没拖地，老师，拖把怎么用啊？我绞不干。"

"老师，我们买个扫地机器人吧，这样我们班以后就不用扫地了！"

"是啊是啊，我们家没人劳动的，机器人扫得可干净了！"

……

听着同学们开始讨论买什么牌子的扫地机器人，小吴老师目瞪口呆。

小吴老师将这件事告诉了家长，希望家长能配合学校教育学生要热爱劳动，没想到，几位家长纷纷说："吴老师，我觉得孩子把学习搞搞好就行了，劳动不重要。"

"劳动的事情等他们长大后自然就会了，现在哪有时间劳动啊？"

"老师，我们心疼孩子，从小我就没让孩子扫过一次地，干过一次活儿，请你理解啊。"

"是啊，我们家从来都是请阿姨做事的。不要说他了，我也不干的。将来他也可以请人干啊。"

大部分家长都认为"劳动不重要""孩子不需要学会劳动"，讨论的走向大大超出了吴老师的预期。

学生对"劳动"存在"三不"现象：不愿劳动——嫌劳动又脏又累；不会劳动——连基本的扫地都不会；不屑劳动——觉得有阿姨和 AI 可以代替自己劳动。家长对孩子的劳动问题也持不重视、不支持、不干涉的态度。

【归因分析】

一、学生误解劳动的内涵意义

当代学生对劳动不够重视，是因为还没有厘清：什么是劳动？为什么要劳动？如何更好地劳动？其中最核心的问题是"为什么要劳动"。他们普遍对劳动有三个错误认知，导致存在"知行分离"的问题，即知道应该要劳动，但行动上做不到。

其一，不少家庭的财产收入已足以应对生活开支，这就使不少家庭条件优越的学生误以为自己可以不劳动，甚至不就业。他们没有理解劳动的意义：要实现人生价值关键在于劳动和奉献，在一定条件下可以不就业，但是劳动是始终需要的。在学校中让他们从事劳动不是为了让他们把劳动本身做到尽善尽美，而是通过劳动培养他们的意志和品格。

其二，轻视清洁打扫这样的体力劳动，认为自己以后做的是脑力劳动，无须从事简单的体力劳动。他们不知道，不管是简单的体力劳动还是复杂的脑力劳动，都是创造社会财富，获得幸福人生的途径。两者所体现的劳动精神和劳动技能并无高低贵贱之分；且在人工智能时代，均是创造性劳动、智慧劳动的基础。

其三，将劳动与就业相混淆，认为劳动是一种谋生手段，出现了"有收入就不需要劳动"的错误认识。他们不知道，就业是一种物质谋生手段，而劳动是实现人生价值的重要途径。

二、家长忽视劳动的育人价值

受到传统的育人理念的影响，家长普遍关心孩子的学习成绩，有"孩子只要学习就够了，旁的事儿都不用干"；更不用说家长往往心疼孩子受苦受累，不忍心让他们劳动、不想给他们增添麻烦。这些都反映了家长因为没有意识到劳动的育人价值，从而认为孩子劳动与否并不重要。

有的家长自己也比较懒惰，在家中逃避劳动，自然难以教育孩子要爱劳动、会劳动。还有的家长自身轻视体力劳动,会对孩子说"你不好好学习,以后只能去扫地,去收垃圾",他们对普通劳动者的轻视影响到孩子对劳动的态度。

三、社会淡化劳动的观念意识

负面网络文化和不良风气正在侵蚀当代学生的心灵。网络红人靠打赏日进斗金、"流量小生"一夜暴富,这些现象助长学生拜金主义、好逸恶劳的思想;"一夜暴富、不劳而获"的现象让学生艳羡不已,认为"成功是可以轻轻松松、一蹴而就的";"丧文化"在学生中蔓延,导致部分学生缺少奋斗精神。

【实践探索】

一、澄清学生的劳动观念

班主任需要通过主题教育等方式,结合班级学生在劳动方面存在的不足,积极引导学生树立正确的劳动观。理解劳动的意义,辩证看待自己和社会问题,树立正确的劳动观。认识到不论何时,都应坚持"幸福是奋斗出来的",树立以劳动获取财富、实现人生价值的正确价值观。懂得做事认真、刻苦钻研、勇于创新等品质的价值和意义,明晰青年应肩负的时代使命,以理想指引自己的行为。

二、唤醒家长的劳动意识

班主任可以通过个别指导、家长会、家长沙龙等多种形式,引导家长认识让孩子劳动的重要性,通过劳动让他们感受到自己的价值。针对家长宠爱甚至溺爱孩子的现象,我们要站在他们的立场、站在希望孩子健康成长的角度,告诉他们:孩子是需要独立于社会生存的,需要有独立生活的技能和意志品质。劳动可以让孩子掌握基本的生活技能,还能锻炼孩子的责任感与认真做事的态度等。从利害关系、未来发展、交际能力、心理状态等方面,唤醒他们对孩子需要劳动的意识,由此建立家班共育的心理基础。

三、打造多元的劳动空间

为了激发学生对劳动的兴趣,拓宽他们对劳动的认识,班主任可借助家长、学校、社区资源,为学生提供更多劳动的实践机会。比如,鼓励家长利用假期带学生去乡村或其他劳动场所,亲眼看看普通人劳作的情景;家长可安排孩子参加身体力行的家务劳动、楼道的清扫劳动等,并适当地给予鼓励;组织学生分组参加社区劳动活动或志愿者服务,将知识与技能真正运用到社会实践中。通过多方角色的联合,坚持劳动多元化、生活化,从而让学生感受到劳动的价值感、成就感、幸福感。

四、融合共生的劳动活动

凝聚三位一体的教育合力,除了需要学校、家长、社会三者达成共识之外,还需要搭建三位一体的平台,在不同的平台上设计多元劳动,但平台之间又互相依赖和促进,空间更大,核心力量更深。

1. 校园劳动长程化

劳动教育不是上一节思想教育课就能达到育人目标的,而是需要切实可行的一系列行动。班主任可根据班级、学校的现有环境和资源,设计长程化主题活动。比如,在班级或学校的公共空间内认领、培养植物、农作物,写《观察日记》;分组跟随家长参加职业体验,观摩、采访甚至亲身尝试真实的工作状态;在导师的带领下制作一件需要较长时间完成的手工作品等。

2. 家庭劳动生活化

家庭劳动应结合孩子真实的劳动能力与身心发展规律,让他们学习独立生活的技能与意识。比如,以"我来当家"为大主题,分"我来做饭""我来清扫""我来洗衣"等自选小主题,学生自由选择参加并在班级内分享自己所做的事情,如做菜的步骤、打扫的过程等。

3. 社会劳动实践化

班主任可充分借助家长、学校与社会资源,组织学生走出校门,在真实的社会环境中从事劳动实践。比如,学生自主联系居委会,参加小区志愿服务,包括出黑板报、整理健身器材等。学校也可联络社会实践单位,为学生提供诸如博物馆讲解、导医志愿者、暑托班助教、社区活动协助等实践机会。

单人的力量是薄弱的,从单向到双向,从双向到多向,形成三位一体的教育合力,就能有效地解决切实的教育问题。德为立世之本,智为成才之基,而劳为谋生之道。

第四节　中高考前家长焦躁不安，怎么办

——指导情绪管理　助力科学备考

中高考牵动着千家万户。面对中高考压力，家长和孩子难免会紧张焦虑。作为班主任，我们不仅要陪伴学生做好应考准备，还要指导家长调整心态、管理情绪、做好支持，不骄不躁地守候在孩子身边，做他们最坚实的后盾。

【现象扫描】

家有考生，对家长来说一切与孩子相关的事都是头等大事，孩子点滴的异常都会引起家长的高度紧张。在很多家庭，自从孩子进入毕业年级，家庭生活就彻底没有了节假日、没有了周末。家庭的生活作息完全跟着孩子的生活节奏安排，家长每天不是盘算着离考试还有几天，就是估算着孩子的考试分数。越临近考试，家庭的氛围就越紧张，考试那几天吃什么、穿什么、在哪里休息、走哪条路都反复确认，生怕自己的一时疏忽导致孩子出状况，影响孩子的未来。

殊不知家长的这种过度谨慎，不仅让自己焦虑不安，还会加重孩子的心理压力。例如，小陆同学，有一天早上起床后大哭一场，她和妈妈说进入初三后自己的学习没有很大的进步，以前学习成绩不如她的同学都超过她了；新换的英语老师上课很少叫她回答问题，她的英语成绩也在退步；调整座位后身边没有一个聊得来的人，她每天在学校里很煎熬，她对自己很失望，对未来没有信心，不想去读书了。

【归因分析】

进入初三，像小陆同学这样的学生真不少。家长和学校要指导学生从内因和外因角度做好归因分析。

一、学生对环境的变化适应不良

随着进入初三，学生的学业负担和压力以倍数增加，再加上学校和家庭环境的渲染，学生内心的压力也随之增加。面对高压力、强负荷，有的学生会出现心情烦躁，成绩起伏很大，考试紧张等明显的不适应。小陆同学的情绪失控虽然是突然爆发，但其中对环境的适应不良是诱因之一。面对座位的变化和英语老师的调换，曾熟悉的教学方法和人际环境的改变让她没有安全感，增加了对未来的不确定性。

二、学生对问题的归因不够科学

全面科学的归因有助于厘清事情的脉络,找出解决问题的路径。小陆同学升入初三后成绩起伏大,她认为英语成绩退步是新老师没有给她足够多的互动机会,校园生活很煎熬是因为座位发生了变化,导致缺少好朋友的陪伴。眼看着身边的同伴进步很大,有些原来学习成绩不如她的同学已经超过了她。她虽然内心很绝望,但没有勇敢地面对困境,而是选择了逃避,这强化了她"环境变化了,我肯定考不好了"的非理性认知,深陷负面情绪而不能自拔。

三、学生缺乏自我情绪控制能力

青春期的学生情绪多变且敏感,自尊心强,他们有了不想让他人知道的秘密。面对自己发展现状的不理想,小陆同学把这份担忧深藏在心里。随着一次又一次失败的打击,这种对现状的担忧情绪逐渐变成对自我的否定。面对外界刺激和内在负面情绪时,小陆同学没能有效地管理和调节自己的情绪,没有选择合适的方法疏解焦虑,使情绪过度波动。

四、家庭教育缺少有效干预

随着学习压力的增大,毕业班学生容易出现怀疑自己、心情烦躁、考试紧张等现象。面对成绩的波动,家长或从孩子的学习态度、学习能力方面归因,或从粗心、注意力不集中、考试时写字速度太慢等学习习惯方面归因,却很少从孩子的心理环境、情绪体验等方面归因,对心理健康的重视度不够,以致家长对孩子的不良情绪体验和非理性认知不能及时发现,也没有给予有效疏导,最终导致孩子情绪失控,严重的还会引发心理疾病。

【实践探索】

面对中高考,家长都对自己的孩子寄予厚望,却内心惶惶不安。为此,有些家长甚至辞去工作,全程服务、全程监控。家长望子成龙的心情是正常的,但这样的做法是不可取的。

一、指导家长做好情绪管理

据调查,近 63% 的家长会在孩子备考阶段感受到比较大的压力,表现出非常焦虑。孩子面临人生中的重大考试,家长难免紧张,但是家长的这种情绪会传递给孩子,直接影响孩子的复习迎考情况。我们认为以下三种行为是不可取的。

1. 忌病急乱投医

有些父母看到孩子学习状况不理想,就怀疑学校教育的有效性和针对性,不惜花巨资给孩子请家教、报辅导班。有些父母在最后一个月给孩子请假不去上学,盲目地给孩子报了很多冲刺班。其实,到了中高考最后阶段,孩子的学习状况基本趋于稳定。对孩子学习过程中的缺漏,我们可以心平气和地和孩子一起分析不足,梳理知识点的缺漏。在这个过程中要密切和学校老师联系,这个阶段也是最需要平稳过渡,家长任何突发或过激行为不仅打乱了孩子正常的学习节奏,也容易引发孩子内心的恐慌,不利于孩子迎考。

2. 忌喋喋不休

在复习迎考期间,有的家长会反复提醒孩子不要紧张,考试时要认真检查。有的父母会反复强调考试的重要性,强调家长的付出。有的家长为了让孩子抓紧一切时间学习,除了用言语威胁和恐吓外,行动上步步紧逼。还有的家长天天盯着孩子的测验成绩,只要发现成绩不理想或有波动,就会不停地指责孩子学习不努力。这样的亲子沟通很容易引起孩子的抵触心理,这样的家庭氛围会增加孩子学习过程中的焦躁情绪。

3. 忌道听途说

随着中高考改革的推进,新的政策和考试要求关系到孩子的未来,必定会引发一系列讨论和猜测。毕业班家长一般很关注这些信息,获取信息的渠道有网络推送、亲友口口相传、听他人经验之谈等。家长也会把自己了解的信息分享到家长群,这往往会引发大家的关注和热议,有时候未经验证的信息还会引发大家的恐慌和不安。因此,关于中高考政策和招生信息,不能道听途说或自行揣测,应该询问官方网站或专业人士,最可靠的信息来源是学校。这样可以避免错误信息的误导,更能让孩子安心、精心备考。

二、指导家长全方位支持孩子

1. 生活上,尽量保持家庭平稳和睦

生活在和谐家庭的孩子是快乐自信的,他们能轻松面对困难和挑战。可是再和谐的家庭也无法避免产生矛盾,这时候家长不应在孩子面前争吵甚至大打出手。孩子年龄虽然小,但是心里很敏感,很容易受父母争执、家庭暴力的影响,甚至让他们对婚姻和家庭产生恐惧感,这对他们以后的健康成长极为不利。在中考之前的关键时期,"搁置争议"是最好的办法。尽量保持家庭平稳和睦,不要有大的变故,尽量不安排特殊活动。家长教育意见和策略上的不一致,会造成孩子无所适从。

2. 精神上,多陪伴、多鼓励、多体谅

(1)多陪伴。陪伴是最好的教育,但并不是说家长必须时刻守着孩子、盯着他们学习。坐在旁边刷手机、追剧不是陪伴,真正的"陪伴"是家长也以学习的状态与孩子同步,让他感到不是孤军奋斗。

(2)多鼓励。及时发现孩子点滴的进步,不简单地以分数作为依据。要关注他们学习状态、学习积极性、学习态度方面的转变,及时给予正面的肯定。一味地责备和否定只会让学生心理焦躁加重。

(3)多体谅。体谅孩子正常的需求和情绪波动。家长要学会换位思考,能站在孩子的立场看问题,对孩子学习过程中累了需要休息、焦虑了需要情绪疏解、烦闷了需要朋友倾诉等心理诉求,要能理解并给予支持。

3. 学业上,做孩子坚实的后盾

毕业班学生往往面临较大的学业压力,反复失败使他们失去信心,临近考试让他们紧张不已。因此,在中高考之前,家长应遵循"低调要求"原则,营造轻松愉悦的家庭氛围给孩子身心松绑。此外,当孩子提出需求时,家长最好先和学校老师沟通交流,确定是否需要补课、怎么补。家长还可以了解中、高考政策和填报志愿等具体事宜,让孩子安心复习迎考。

三、指导家长帮助孩子科学备考

1. 全家要保持平和的心态

越是临近考试,家长越要调整心态。首先,要看淡考试结果,每朵花都有自己的春天,我们需要静待花期的到来,只要孩子认真努力过了,任何考试结果都是可以接受的。其次,要保持健康的心态和正常的起居,让孩子在复习应考期间能心情愉悦、情绪平稳、精神饱满,更有利于缓解孩子的紧张情绪,让孩子在考试中正常发挥。不要抱侥幸心理,期待超常发挥。家庭日常交流的话题不要仅局限于学习,避免增加孩子的压力。一味地责备和否定,只会增大孩子焦躁的情绪和压力。

2. 要给孩子积极的心理暗示

(1) 忌与人比较。比如,"你看班中某某同学成绩那么好""你看隔壁的某某一直那么努力"。潜台词是:你不够努力,你成绩不好,增加了孩子的压力。

(2) 忌强调缺点。进考场前,不要提孩子的缺点和坏习惯,如"你不要紧张""一定要认真仔细",这其实是一种"会紧张""会粗心"的心理暗示。

(3) 忌消极否定。进考场前,不要提消极的话语,如"考不好也没关系,人生还有很多机会""考不上爸爸妈妈不会怪你的,明年再重新复习",这样的话是对孩子能力的否定。

(4) 忌聚焦结果。进考场前,避免说"不要忘记你的目标""等你成功归来"这样的话。这会让孩子觉得家长只关心成绩,而不关心他。

3. 要提供营养均衡的饮食

应考期间,孩子的饮食以清淡为主,荤素搭配适当,不宜大补,忌过于辛辣、油腻、生冷的食物。由于考试的紧张,很容易引发身体的不良反应,过于油腻或辛辣的食物容易引起肠胃的不适。对孩子饮食起居的照顾也以平常自然为好,不必刻意营造特殊的氛围,以免增加压力。

4. 要指导孩子科学复习

通宵达旦不是最佳选择,要劳逸结合,保证充足的睡眠。保证适当的运动,但要避免激烈运动,防止意外受伤。要提醒孩子合理复习。不搞题海战术,要重点进行知识点的梳理和方法的整理;不多做难题怪题,要关注基本概念和基础知识的落实。

　　中高考是知识、体力、心理的综合较量，家长要尽量创设一个良好的家庭环境。家长是坚实的后盾，要用平常心看待孩子成绩的起伏，用包容心对待孩子的焦虑急躁，用同理心站在孩子的视角去理解他们，让孩子在温馨、宽松、自然的氛围中生活学习，才能发挥最佳水平。

第五节　班级突发危机事件,怎么办

——汇聚多方力量　提供多维支持

校园危机事件虽然不是经常发生,但由于事发突然、后果难以预料、应急处理要求高、可能会造成严重后果而越来越受到大家的重视。因此,如何应对危机事件,如何最大限度地降低危机事件对学校、家庭、学生的影响等问题,是班主任建班育人的关键能力之一。

【现象扫描】

青少年离家出走是目前备受关注的校园危机事件之一。虽然真正离家出走的人数并不是很多,但曾经有意向要离家出走的占比不低。

小任同学是初三毕业班学生,班级化学课代表、电脑管理员。他性格内向,沉默寡言,极少主动与老师和家长交流,平时只与几个爱好游戏的同学交往。从小父母离异的他,抚养权归父亲,但平时和爷爷奶奶同住,爷爷奶奶溺爱孩子,对他有求必应。离婚后,父母各自重组家庭。父亲又有了一个 3 岁的儿子。父亲对他的未来有较高的期望值,隔天来督促小任的学业,为他制定了严格的日常作息表。父子除了日常学习方面的对话,极少进行情感交流。母子俩每周见面一次,母亲除了关注孩子的吃穿和零花钱,就是宣泄对孩子父亲的不满。

升入初三,随着学习内容的增多,难度增大,小任同学成绩滑坡严重。面对老师的关心,他说:"我说了也没用,你们都帮不了我。"为了玩游戏,他私自购买了手机,甚至周末不去补课而去黑网吧玩游戏。离家前的周五,父亲和小任同学就中考严肃地谈了一个晚上,没收了他的手机,还再次强调要他考重点高中。周日外出补课前,小任同学带着 5000 元的压岁钱并留了一封信后离开了家。他在信中写道,"不想成为家人的负担""家里没有我也不会怎么样""朋友在比较远的地方给我介绍了月薪 3000 元的工作"。

家长得知孩子出走后,第一时间联系了班主任。班主任在向学校汇报的同时,联系其他同学了解情况。反复排查未果,学校立刻联系了学生家庭所在地警署,在警方的帮助下调阅马路监控,缩小了排查的范围。经过反复询问、走访、分析、排查,在学校、家庭、社会三方面的共同努力下,小任同学最后返回到学校,并顺利毕业。

【归因分析】

引发青少年离家出走的原因各不相同,既有社会、家庭、学校等外部因素的影响,也有青少年自身性格缺陷、心理失衡等内部因素。也许,小任同学离家出走只是一次偶然的冲动,但触发冲动背后的事实原因不得不让我们深思。

一、不良的家庭氛围造成性格偏执

民主平等、温馨和谐的家庭氛围有助于青少年形成良好的个性和品行,而不良的家庭氛围,如父母经常对立争执、家庭婚姻状况不良等,是造成青少年行为失当和心理问题的重要因素。小任同学的父母离异后关系对立,离婚后又各自组建了新的家庭,这不仅打破了小任生活的平静,更让他觉得自己被抛弃了,造成他沉默寡言,封闭自我,不愿与人交流。父母离异后小任一直由祖父母隔代教养,祖父母补偿性的放纵、宠爱和庇护,也养成了他做事任性不考虑后果的性格。

二、不当的家庭教育减弱情感依恋

心理学研究发现,家长的教养方式对孩子的身心健康影响最直接。一般而言,生活在溺爱型或者忽视型家庭中的孩子更容易引发心理问题和人格扭曲。小任同学就是在祖父母的溺爱和父母的忽视中长大的。这种家庭教养方式的不一致,让小任同学遇事往往从非理性情绪出发,认为一切的不如意都是别人的错。这样的错误认知减弱了他与家人之间的情感联结,降低了亲子依恋程度。因而,面对父母的督促和管理,不积极配合,不愿意接受父母的约束,在作出决定时也不会从家人角度考虑影响。

三、朋辈群体的负面影响很深

除家庭外,朋辈群体对小任的成长和发展有着深远的影响。小任父母离异后各自重组家庭,日常关心虽然不少,但仅仅关注他物质方面的需求,而忽略对他精神方面的关心。学校里同学们都在奋战中考,平时陪他玩的人很少。内心孤独寂寞,无人可诉,小任同学一头扎进网络,不能自拔。网络有便捷的互动平台,有打破时空的交际圈。小任同学在网上认识了一些"志同道合"的朋友,与他们一起玩游戏,不仅满足了小任同学人际交往的需求,还在潜移默化中影响了他的行为方式、思想观念和价值观。

四、对学业困难的逃避是诱因

当小任同学遇到学业困难和升学压力时,父亲感到失望和不理解、母亲只会唠叨和疏离,照顾他的祖父母也爱莫能助,亲人的"陪伴"不仅不能帮他解决问题,还增加了压力,进而导致小任同学最后选择了逃避学业,到网络世界中寻求快乐和认可。孩子进入初三,不仅是学习环境发生了调整,学习内容和节奏都发生了很大变化。小任同学在最初面对学习压力时,没有得到有效的帮助,自我评价偏低,会感到孤立无援,网络成为他回避现实,缓解学习压力,寻求自信的最好的空间。从刚开始的玩小游戏,到后来的网络成瘾、撒谎、逃学、离家出走,他越陷越深。

【实践探索】

正确有效地处理危机事件,可以树立班主任的威信,增进师生间的有效沟通,营造温馨的育人环境,增强班集体的凝聚力;还可以增进家校联系,形成家校共育合力,促进班集体建设和学生个体的健康成长。面对小任同学的离家出走,班主任要当机立断,妥善解决,力争做到第一时间了解实情,第一时间上报反馈,第一时间介入处理。

一、争取最大的重视和保障

1. 学校的高度重视和快速应对是前提

为了保障未成年人的合法权利和身心健康,学校都会建立一系列的预防机制和安全预案。班主任在了解清楚情况后,第一时间上报了学校。学校随即启动应急预案,第一时间成立了专项工作小组,各部门协调联动。因此,在处理学生离家出走事件时,班主任要有及时上报的意识,学校快速有效的应对措施和保障机制是非常重要的。

2. 家庭、学校、社会形成合力是保障

在寻找小任同学的过程中,班主任整合了一切可以整合的教育力量,如发动学生、家长和任课教师搜集各种有用的信息,充分发挥学校、家庭和同伴的教育力量;请学校与社区、街道和警署联系,通过查看摄像锁定区域,为后期的成功查找确定了方向。由此可见,家长、学校、社会的全方位无障碍的沟通,完全的信任才能保证全体关注、全力查找、群策群力。

二、做出最大的努力和尝试

1. 班主任对学生的全面了解是基础

学生进入青春期自我意识觉醒,希望得到教师和家长的尊重与理解。同时,他们也渴望得到同伴的接纳和认可,对同学间的忠诚看得很重。因此,在寻找小任同学的初期,他的一些同学和朋友选择隐瞒真相或提供错误信息,这加大了寻找的难度。如果不是良好的师生关系和班主任对学生的全面了解,很难在所获的信息中判断出真伪,也不可能从学生的异常表现中找到突破口,挖掘出更有价值的信息。

2. 家校携手坚持不懈的努力是关键

对小任同学毫无征兆的离家出走,怎么去找、到哪里去找,大家没有头绪。虽然通过警署的电子监控系统确定了他离开居住小区后的去向,但他到底去哪里了,还是一无所知。想到小任同学喜欢打游戏,班主任和家长几乎走遍了学校和小任同学家附近的网吧。从刚开始的束手无策,到顺藤摸瓜找到蛛丝马迹,大家没有放过任何一个信息。在整个寻找过程中,班主任的足迹遍布学校周围和学生家附近的大街小巷,家长和教师时刻保持沟通,彼此鼓劲,始终没有放弃。

三、给予最大的关爱和支持

1. 师生的悦纳及后续的关爱是支持

小任同学安全回家了,但他的心灵尚未"归家"。因此,对小任同学进行后续的疏导和进一步的引导是必不可少的。首先,要对小任同学和他的朋友做个别辅导,除了心理疏导外,还要分别进行法治教育和安全教育;其次,通过主题班会课进行集体辅导,引导同学们不带偏见,用宽容和友爱接纳归巢的伙伴,大家携手共进;再次,还要提醒其他老师淡化小任同学离家出走的影响,一如既往地对待他,避免过多或过少的关注引起他的不适应,增加心理压力;最后,还要进行家庭教育指导,希望通过家校更加密切的互动、父母更加全面的沟通,让孩子感受到家的温暖,感受到自我存在的价值和对未来的希望。我们努力从小任同学的视角去理解他,给他自我修复的时间和空间。

2. 关注内心需求制定发展目标是动力

人生的奋斗目标往往会让人拥有了前进的动力和面对困难的勇气。因此,帮助小任同学找到最近发展区,给他找个切实可行的奋斗目标,转移他的注意力和关注点是必要的措施。同时,我们还密切关注他内心的需求,关注思想的变化,让他感觉到被关爱,感受到成功的喜悦。从最初的不愿意来上课,到后来坚持按时到校;从刚开始不交作业,到后来积极回答问题;从拒绝与家长交流到提前沟通,从不想读书到想考高中,他在慢慢地改变。

【应对技巧】

一、平时多积累,临阵不慌张

由于引发危机事件的原因和影响程度等因素的不同,班主任在选择应对方法时可以因人而异、因时而异、因事而异。因而,相关的知识积累是班主任应对复杂情况和危机事件的底气和基础,如多了解心理学知识和沟通的技巧,可以让我们更了解学生,更有利于良好师生关系的建立;多学习与青少年相关的法律知识,有助于我们沉着冷静地分析问题,做出准确的判断。同时,还可以规范具体的行为,帮助我们厘清责任。

二、日常多准备,现场出急智

应对危机事件,关键是日常多准备、多演练,凡事有了充分的思想准备和能力储备,才能镇定自若,从容应对。首先,班主任要熟悉学校制定的危机事件的应急预案和处理流程,平时多加演练,让学校的要求成为学生行为的习惯。此外,班主任要加强安全教育和规范教育,日常管理要加强隐患排查、要厘清轻重缓急、基本程序和关键要素。

三、学会巧沟通,善后有章法

在突发事件应对中善后环节也是至关重要的,善后不当可能会导致后患无穷。善后，不仅需要班主任的爱心、责任心、耐心，更需要班主任的人格魅力和育人智慧。在善后的过程中，首先，要明确自己的角色定位，说话处事不越位；其次，要有理有据，不急不躁，立足事实刚柔相济；最后，要善于整合资源形成合力，尝试通过多种途径解决问题。

校园危机事件的表现形式千变万化，处理方法也是多种多样的。班主任应对危机事件的能力是班主任育德能力的综合表现，是班主任遵循教育规律灵活运用教育原则临场应变的智慧，这需要我们在日常实际中不断地加以实践和探索。

第七章

赋能健康成长的个别化教育

教育要充分尊重学生的认知特点、成长规律和不同学生的客观差异,能针对每个学生的不同潜能与个性特征为其提供最适宜的成长环境。通过对个体发展现状分析、个性化育人目标制订、因势利导育人方式选择、多元化育人途径设计及对学生情感需求关注等内容,引导学生在激发潜力、激励自信、激扬个性的成长环境中适性发展、快乐成长。

第一节　理论概述

个别化教育体现"因材施教"的教育理念,旨在尊重每个学生的客观差异、认知特点与成长规律,针对每个人的不同潜能与个性进行教育,提供最适宜该生发展的教育环境,使学生在激发潜力、激励自信、激扬个性的成长环境中得到适合的、积极的成长。

一、概念界定

个别化教育是尊重学生的成长规律、不同的个性特点和需求,针对他们既有的内在潜质与发展水平,坚持因人而异、因材施教的教育理念,设计个人化的、适时的、适宜的教育方法和形式,以促进每位学生的个性得到适时和适度的发展,最大限度地发挥每个人的潜能,在形成社会性、公共性的基础上,更好地发展自己的个性。

个别化教育的对象包括全体学生,内容则涉及学生成长的方方面面,包括培养目标、成长过程、教育方式、评价标准等,在以上环节中均针对学生的个性特点提供最适宜该生发展的教育环境。

个别化教育不仅针对学生发生的"问题"才展开教育,而且指导学生解决学业上的困难、行为上的问题、心理上的障碍、成长中的困惑等也属于个别化教育;帮助学生发展优势和潜力、优化个性发展,也属于个别化教育的内容。

二、价值意义

1. 个别化教育是班级教育的一种基本形式

集体教育与个别化教育两种形式在班级中相互作用、相辅相成,不可或缺。苏联教育家马卡连柯称两者犹如班级教育的"两翼","两翼"协调,班级发展才平稳而又迅速。面对学生个性化问题,个别化教育更具有针对性,更能有效地达成教育的目标。

2. 个别化教育能最大限度地促进个性健康发展

学生不同的性格特点、家庭背景、成长环境和学习经历,会作用于学生成长的过程,影响其价值观念、志向追求、兴趣爱好、交往方式等,继而影响到学习态度、学习方法和学习结果。因此对不同的学生,我们要因材施教。

班主任根据学生的特点进行有针对性教育,能发现并充分发挥每个学生的潜力和优势,帮助学生客观地分析自我,发现自己的擅长点、兴趣点、增长点,认识到自己的不足和短板。选择最适合学生的教育途径,使具有不同个性的学生都能在原有基础上获得进一步发展。

班主任根据学生不同的学习方式的特点,如视觉型、听觉型、感觉型、逻辑型等,给出个性化指导,让学生发现最适合自己的学习方式,更加轻松、高效地学习。

班主任根据学生发展过程中的需求进行个别化教育。学生成长过程中的问题其实都反映了他身心发展的某种需求,如安全需求、社交需求、尊重需求和自我实现需求等。班主任要有"问题意识",能及时发现问题,并准确分析问题背后的成因,能够整合、调动教育资源,开展个性化教育,去填补学生身心发展需求的空白。

3. 个别化教育体现现代教育对人尊重的精神

个别化教育尊重学生的人格、隐私,重视个人的感受和想法,能更好地对学生的心理提供保护和呵护的空间。个别化教育还能尊重不同学生的发展现状和需求,通过对其全方位的评估,指导学生确定"最近发展区",制定个性化指导策略、给予针对性辅导和支持。对他的成长动态进行适切的评价。

4. 个别化教育是现代教育形势变化的趋势

科学发展观是我们党和国家的根本指导思想,其核心是以人为本。《国家中长期教育改革和发展规划纲要(2010—2020 年)》提出:"关心每个学生,促进每个学生主动地、生动活泼地发展,尊重教育规律和学生身心发展规律,为每个学生提供适合的教育。"《上海市中长期教育改革和发展规划纲要(2010—2020年)》提出把"为了每一个学生的终身发展"作为上海教育改革和发展的核心理念。

在现代社会生产力朝智能化方向发展、人享有的物质和精神空间越来越大的条件下,人的主体作用、个性优势逐渐被凸显张扬。因此,个别化教育是教育发展变化的趋势,是适应基础教育转型发展的需要。尊重学生个性可更好地培养具有创新精神和实践能力的人才,有利于充分开发人的发展潜能。

三、遵循原则

1. 精准靶向

开展个别化教育的前提,是能全面地分析学生的现状、对存在的问题进行准确归因。有时班主任习惯于用既有经验来解释学生的问题,甚至不去探求原因就试图用程序化、模式化的方法去教育学生。

不同的时代、地区、家庭背景、成长经历、学习基础、人际环境等,均会影响学生形成不同的个性特点、认知方式、行为习惯等,这些因素和学生的生活交织在一起,构成了学生行为表现的不同动机、内在情绪的不同诱因。如果不能准确地分析和判断学生问题背后的原因,必然无法从根本上解决问题,甚至可能造成师生关系矛盾、问题进一步升级等后果。

班主任必须与学生构建互信的师生关系,全面、深入地了解学生既往的成长背景和如今的生活状况,方能准确分析学生的现状,找到解决问题的切入口,进而制定个性化的指导方案,使个别化教育具有针对性。

2. 因材施教

每位学生具有不同的潜能和优势、不足和短板,再加上学习经历、性格特征的差异,导致每个个体都具有不同的学习基础、道德认知水平、接受能力、兴趣特长等。班主任可根据学生的差异设计不同的教育目标和方式,对有的学生要帮助其突破舒适区,有的学生要助其找到最近发展区,使他们都能获得学习活动的成就感、自信心。在此过程中,学生发现自己的特长,洞察优势,激发主动学习的内驱力,为多样化创新人才的培养打下基础。

3. 循序渐进

教育不是一蹴而就的,班主任要有足够的耐心等待学生"知—情—意—行"过程的逐步推进。教育具有潜隐性、滞后性,原因是学生的三观还不成熟,他们没有完全具备甄别信息和是非的能力,容易受环境影响,再加上现代社会多元价值的冲击,导致他们难以经过一次教育而改变想法。即使这次有所感悟,但成长不是直线发展的,而是在一定的幅度中震荡向前、螺旋式上升的。学生由于惰性、缺乏自控力、环境影响等反复出现相同的问题也是教育中的常见现象。因此,班主任应用理解、包容的态度看待学生成长中的困惑和困境,将总目标拆分为若干小目标,鼓励学生向"最近发展区"迈进,耐心而坚定地陪伴学生成长。

循序渐进开展个别化教育的"终点",是指导学生具备独立解决问题的能力。要求班主任不能仅仅将目光集中于解决眼前问题,而是着眼于学生的未来发展和人格形成。

4. 因势利导

班主任应顺势而为。搭建平台,提供机会,让学生获得成功的体验,获得对自我的积极评价,提升自我效能感,提高自信心,并将这种积极的情感迁移到其他方面的学习,从而激发主动成长的内驱力,将教师的要求变成自我发展的需求。

班主任应顺势导之。其一,把握教育契机,推动学生的成长。如借助学生生活中的某件事,引导其思考有无更好的应对方法;借助某项活动,鼓励学生积极参与,善于挖掘其表现中的闪光点,来帮助其更全面地认识自我。其二,通过班级文化的浸润,让学生在团队中找到志同道合的伙伴并共同成长。

5. 通情达理

所谓"亲其师,信其道",在师生交往过程中,互尊互爱是建立良好人际关系的情感基础。学生有被尊重、认可、重视的心理需要,教师要先尊重学生的独立人格,给予其表达自我的空间和时间,真诚地关心爱护,设身处地地理解共情,这样才会获得学生对教师的尊重、信任,易于建立起亲近、友好、依恋的心理关系。在师生双方拥有了支持陪伴、真诚互动、协同合作的良好关系后,再逐步引导,此时的"说理"更易于让学生接受,激发他们积极的行动意愿。

6. 协同共育

个别化教育的方式不局限于教师和学生点对点谈话、单向维度地提供教育资源,还可以借助集体、同伴、导师、任课教师、家长、社会的力量一起实施个别化教育。

班级氛围会对学生产生潜移默化的影响,积极温暖的班风能感染人、打动人,使学生不自觉地正向发展。同伴教育往往能带给学生启发和思考,引发自我教育。班级生活中的人际交往能促进学生在"亲社会化"的过程中个性得到优化发展。

任课教师、导师、家长、社会,都是开展个别化教育的协同力量。导师全方位、全程为学生提供陪伴式关怀和个性化发展指导;任课教师配合教育,保持教育目标、方式的一致性;家长发挥家庭教育的主体作用,与学校的个别化教育形成目标一致的合力;社会资源为学生个性化发展提供支持。

第二节　学生迷恋网络，怎么办

——加强早期识别与干预　提升自我控制能力

随着互联网的普及，越来越多的未成年人接触和使用网络。据中国互联网络信息中心发布的数据显示，截至 2023 年 6 月，我国网民数量已达 10.79 亿，未成年网民数量已突破 1.91 亿。电子产品的广泛使用在为教育赋能的同时，也引发了关于网络安全和学生沉迷网络的担忧。

【现象扫描】

一个文静的女孩带着腼腆的笑容怯生生地走进教室，这就是转校生小薇同学，一个安静而又"不合群"的女孩。本以为她是初来乍到，不好意思与同学攀谈。可学期已过半，她依然如隐形人一样。家长每天"点对点"地接送，课间基本上不与他人交谈，课堂上不是发呆就是睡觉，学习情况每况愈下。教师看在眼里急在心里，左思右想决定去家访。

教师家访时碰巧爸爸、妈妈和小薇同学都在家。当看到他们人手一部手机从不同的房间里走出来时，教师不禁一愣。交谈中才知道，小薇父母是公司白领，平时工作繁忙，晚上经常加班，照顾孩子的事基本上由爷爷负责。作为生活在信息时代的家长，他们也深受电子产品的影响。平时在家逛逛淘宝、看看抖音、聊聊微信，基本上是必做的工作。一家人即便坐在一起，相互之间话语交流也不多。久而久之，无论在学校还是在家里孩子也养成了手机不离身的习惯。如果家长想没收手机，她会大哭大闹，甚至曾经为此离家出走。

为了进一步了解她，教师想办法关注了她的朋友圈和抖音号，从她频繁的动态可以看出，每天小薇大多数时间都花在制作短视频、为偶像打 call、微信聊天上。班级中的小事、生活中的点滴、每天的心情变化都是以最快的速度上传的。更令人惊讶的是，这个平日里沉默不语的小姑娘在网络里竟然是那么的活泼开朗，与圈子里好友的交流互动俏皮而又充满智慧。

现实生活中的小薇同学冷清淡漠，不善交际，而虚拟网络中的小薇同学神采飞扬、热情细致。看着这样的小薇同学，教师不觉陷入了深深的担忧……

【归因分析】

青少年沉溺于网络有多方面的原因,除了自身发展需要外,学校教育和家庭教育没有给予及时有效的指导,也是重要的影响因素。

一、自我发展需要的满足

青春期学生自我意识觉醒,迫切希望有认识自我、发展自我的空间,渴望得到他人的接纳、认可和尊重。但是,在实际生活中,受主客观因素的影响,学生的发展受限。案例中的小薇同学,由于自身性格内向、腼腆,缺乏自信和安全感,在现实生活中不敢与他人交流,因而人际关系、自我实现等各种需要就难以得到满足。然而在虚拟世界里,由于网络的隐蔽性、互动性,让小薇同学有了安全感、亲密感、无时空感和无压抑感,在与网友的互动中,她被同伴接纳、认可、理解,找到了自己的归属感。

二、家庭教育方式不当

迷恋网络的孩子很多情况下都与不当的家庭教育有直接关系。现在的家庭大多数是一对双职工父母带一个孩子,平时家长忙于工作,孩子忙着读书,家庭成员之间的交流很少,不能期望有很多的亲子活动。这就造成在孩子成长的过程中缺少陪伴和交流,取而代之伴随他们的是电视机、iPad、手机等电子产品。如果父母再以工作忙或其他借口忽视孩子正常的心理需求,很可能会对孩子的成长造成负面影响。小薇同学的父母平日工作忙应酬多,难得的休息时间也大量花在淘宝、抖音和微信上。对孩子缺少陪伴、关心、理解外,更给孩子做了不好的示范。长此以往,就造成了她性格的缺陷、人际交往的障碍。

三、学生自我控制能力低下

自我控制是指一个人对自身的心理与行为的主动掌握。人对自身主观世界的控制是通过自我意识的作用,采用自我教育、自我调整的手段得以实现的。中学生年龄尚小,生活经验和社会经验不足,心理上独立性不强,面对网络的诱惑,自我控制能力不够。案例中的小薇同学缺少家庭的监督,长期手机不离身,大部分时光都花在刷抖音、刷微信上，久而久之产生了对手机的依赖性，并借此逃避现实生活中的学习问题、交友问题、沟通问题等。

四、学校早期识别与干预不够

随着新媒体技术的高速发展，线上互动平台和各种便捷的 App 涌入生活，成为当下人们最喜欢的信息交流和休闲娱乐方式，也日益影响到学生常规的学习和生活。如今，越来越多的中学生每天忙着刷抖音、发微信，这不仅占用了他们大量的时间、精力，而且还影响他们的心理健康。案例中的小薇同学性格特别，行为异常，但是没有引起各方的充分重视。教师没有在第一时间去寻找问题的症结，并给予及时的疏导和有效的指导，也没有重视良好的人际关系对学生健康成长的重要性，导致她对网络的依赖性越来越严重。

【实践探索】

要预防青少年沉迷于电子产品，学校和家长要紧密沟通和联系，全面了解学生的状况和需求。遇事冷静处理，用科学的方法和积极的态度引导他们走出虚拟世界，重回现实。

一、建立畅通的家校互动网络，形成教育的合力

马卡连柯认为，一个人不能够一部分一部分地来教育，而是由人所受的种种影响全部综合地教育出来。在今天开放的网络时代，教育的影响已具有时间和空间上的不可分割性。孩子对电子产品的使用，班主任应与家长保持密切联系，通过线上线下沟通，整合校内校外的教育资源，形成家校社育人合力。在充分讨论孩子的表现和存在的问题、进行科学归因的基础上，根据孩子的具体情况协商解决问题的方案和行为矫正的方法。

二、建立和谐的亲子关系，营造健康的成长环境

家庭是青少年成长的第一环境，也是终身教育、终身学习的稳定场所。家庭教育的缺失或弱化，将会造成教育目标的偏离、教育效果的弱化。所以，建立和谐的亲子关系，进行有效的心理沟通是必要的。面对孩子对电子产品的依赖，父

母要与孩子多沟通,有效沟通是改善家庭亲子关系的关键,良好的亲子关系是家庭教育目标达成的保障。父母要主动关心陪伴孩子,关注孩子成长过程中不同阶段的需求,平等地与孩子对话,用宽容、发展的眼光看待孩子的错误,学会解读孩子的行为,学会倾听孩子的声音,学做孩子的朋友。通过协商制订规则,帮助他们从抖音、动漫、线上交互平台的虚拟世界中走出来,自信面对生活。

三、培养广泛的兴趣爱好,构建良好的人际关系

心理学家指出:人际关系是人们重要的幸福感的来源。许多中学生热衷于抖音、动漫、线上互动,在某种程度上源于他们在学校里不能获得被接纳、被认可的心理需求。针对这一现状,学校和家庭首先要组织活动,让孩子走出家门参加各项室外活动,创造机会让他们与同伴相处,获得人际交往的体验和经验。其次,鼓励孩子在活动中培养兴趣爱好,丰富课余生活内容,激发自我发展意识。再次,多组织亲子游,让孩子走进大自然、博物馆、父母的工作环境等社会场所,感受自然的力量、社会的发展与父母的不易,感悟自己的责任。最后,要全面落实"双减",过重的学业负担也容易造成孩子对学习生活的厌倦,进而选择逃避现实的行为。总之,要让孩子体会到真正的乐趣和真心的关爱,从而自觉放弃上网寻找乐趣和满足感的想法,从根本上化解"抖音控、微信控"。

四、实施自我干预训练,提高自我控制能力

自我控制包括自我需要和自我教育。学校制度、教师要求和家长期望,只有经过自我意识的作用,将所有的社会需要转变成学生内在的自我需要时,才能成为学生自觉的行动。因此,自我需要的转变是干预训练过程中至关重要的环节,面对沉迷于网络的学生,学校和家长要密切配合,利用各种激励手段,如积极地带有心理暗示的评价、集中频繁地表扬某一个优点、制订多元评价的奖励规则、小组活动或竞赛等方式,将学生的自我需要转变成自我教育,从而达到对自我行为的控制。

目前,青少年网络使用安全引起广泛的关注,《未成年人网络保护条例》自2024年1月1日起施行,其中就青少年网络沉迷防治提出了具体的要求。学校和家庭要依法做好防治工作,不仅要提高学生沉迷于网络的早期识别和干预的意识,还要提高对有沉迷于网络倾向的学生进行教育和引导,帮助其恢复正常的学习生活能力。

第三节　学生沉迷"偶像饭圈",怎么办

——重塑审美立场　指导理性追星

偶像崇拜自古就有,追星行为本身不是错,但随着"饭圈"越来越低龄化,追星过程又出现诸多乱象,让追星变了味。对青少年追星,班主任要积极应对,用科学的方法指导学生理性追星,让优质偶像在学生成长过程中发挥积极正面的激励作用。

【现象扫描】

八年级小万同学是某明星的"超级粉丝"。她的课桌、书上、铅笔盒里全部都是这个明星的照片和贴纸,甚至在上课和做作业时也要偷偷看一眼,看看偶像是否还"陪"着自己。为此,小万同学经常与任课教师、家长、同学起冲突。

一天,小万同学的妈妈来找班主任求助。妈妈称小万同学的房间里全部都是偶像的画报和"周边"。最近,小万同学连衣服、头发、发饰都要与偶像同款,模仿偶像的一切言语和动作,还经常为偶像打 call"充值",少则几十,多则上千,小万同学把多年存的零用钱都花完了。为此,小万同学家长也尝试过断她的零用钱、限制她出行等措施,但不仅没有解决问题,而且还造成亲子冲突不断。小万同学因追星而沉入"偶像饭圈",导致她上课分心,学习懈怠,成绩下降,家庭矛盾激化,这可怎么办呢?

【归因分析】

心理学家弗洛姆认为,对偶像的崇拜是人们把自己理想化的幻想在现实社会中的一种投射,这种心理在青年时期会被放大。偶像情结是青少年在成长过程中经常经历的。虽然每个个体追星的原因不一定相同,但通过追星行为,我们可以看到他们的内心世界和发展需求。我们要从"追什么"中发现他们的成长需求,从"如何追"中看到他们的行为模式和思维模式,从而做出正确的引导。

一、对理想化自我的投射

随着年龄的增长,个体差异性需求快速增长,每个人都渴望找到理想中的自己,而这种期望最终被大部分人投射到偶像的身上。青少年钦佩什么样的偶像,

就意味着什么样的人在他心目中是最完美的。小万同学在言行方面追求偶像同款，希望从各方面无限靠近偶像，在她的潜意识中，模仿偶像的过程就是自我塑造的过程。

二、从众心理和社交的需要

进入青春期，学生的自我意识觉醒，希望能得到他人的认可，得到更多自我探寻和发展的空间。他们逐渐从家庭走向社会，人际交往的重心也逐渐转移到朋辈群体中。相同的年龄和共同的兴趣爱好很容易营造一种相对稳定的心理环境；同伴间没有压力，彼此间相互依存，在互助和互尊中实现自我发展的满足。这种共同兴趣之下的友谊凝聚，能帮助学生建立社交关系。为了更好地融入群体中，学生会主动调整自我，以符合社交群体的价值取向。

三、满足独立和陪伴的需求

崇拜是对当下生活的不满以及对新生活的向往。青春期的学生渴望独立，希望摆脱父母的权威，但这种心理需求在当下现实生活中无法实现，因而他们把丰富的精神生活寄托到偶像身上，在偶像身上找到自己希望看到的模样。此外，对缺少家庭陪伴和家庭温暖的个体，如来自家庭关系不和谐、亲子沟通不畅、家庭不完整等情况的学生都渴望通过外界的陪伴来增加安全感，他们很容易把情感寄托到明星身上，以满足自己情感的需求。

四、新兴社交媒体的宣传和影响

青少年思维活跃，喜欢尝试新事物，追求时尚和流行。但是，他们三观还未完全形成，判断力弱，极易受媒体和环境的影响。随着新媒体的广泛应用，传播手段的日益便捷，明星被包装为身披光环的完美人物，通过各种线上线下的宣传活动，积累了相当高的社会影响力，吸引了大批青少年粉丝。拥有极强延展性和互动性的互联网使原本孤立在不同地区的粉丝个体通过 QQ 群、微信群、贴吧、论坛等网络渠道联系在一起，组成了形形色色的粉丝团。这些入团的成员因为有共同的需求和兴趣爱好，从而对粉丝团产生了强烈的归属感和心理认同感。

【实践探索】

偶像崇拜是青少年对人生追求的体验,每个时代的青少年都有自己的人生理想和崇拜偶像。作为班主任,家校协同引导学生不盲目追星是关键。

一、了解发展需求,提升学生甄别榜样的能力

我们首先应观察和倾听学生到底喜欢偶像的什么行为、什么特点,了解他们行为背后真实的心理需求。对偶像的追随是学生对自我形象塑造的探寻,我们可以引导学生多关注为国家、民族和人民作出伟大贡献的革命先烈、"时代楷模"、科技明星、体育明星等。家校社各司其职,充分发挥育人功能,设计有吸引力的艺体活动,有真实体验的实践活动、有趣味的家庭亲子活动,以及优秀新颖的文化活动和文化作品,帮助学生学会甄别榜样,及时纠正不正确的观念。同时,还可以引导他们尝试其他积极健康的途径来突显自己的个性、增加自己的魅力。

二、遵循认知规律,指导学生建立正确的价值观

价值观的形成一般要经历:注意力—积极体验—情感态度—价值观形成几个阶段。我们可以设计一些学生愿意参与的文化活动,让学生产生认同和主动接纳的积极情感。在这个过程中,引导学生不要只看偶像在屏幕前的光鲜亮丽,更多去思考努力和成就之间的必然联系。通过引导学生多关注偶像的成长经历和优秀品格,如偶像在成长过程中经历了哪些历练、如何突破困境、如何形成自身的能力与品质、如何通过自身的影响力为世界作出贡献等,帮助他们建立正确的价值观。

三、提供情感支持,培养学生独立思考的能力

心理学家德西和瑞恩的"自我决定理论"指出,每个人都有非常重要的心理需求,分别是自主需要、关系需要和胜任需要。"偶像饭圈"现象很大程度上满足了学生这三种需求。学生能够挑选自己喜欢的偶像,满足自主需要;和志同道合的小伙伴一起追星,体会到强烈的归属感,满足他们的关系需要;在粉丝群和"偶像饭圈"中完成各项任务。例如,充值、接机等,他们的行为得到明星的认可和鼓

励,让学生觉得自身的能力和价值得到了体现,满足了胜任需要。由此可见,一起追星的伙伴能为学生提供情感支持,但也会带来价值观及行为的裹挟。我们要有意识地提供情感支持,组织学生就学校和社会的公共事件进行讨论,让他们更多地关心社会,培养学生的独立思考能力,引导他们在追星共同体中保持一定的独立性。

四、设计"追星"活动,引导学生重塑审美立场

1. 论"星":微论坛讨论——了解追星史

活动初期,利用班级微信群、钉钉群开展讨论。邀请学生的祖父母、父母一起参与讨论活动,从三代人的角度谈谈不同年代的人的追星史。讨论主题层层递进,从祖父母也"追星",到爸爸妈妈心中的"星",最后到学生自己的星。了解了家庭不同成员心目中的"星"后,再聊聊大家为什么"追星""追什么样的星"和"怎样追星",借此了解学生心中关于"星"及对"星"的看法。

要强调的是,面对学生的"追星",我们首先应试着理解他们的行为,肯定他们"追星"过程中积极的一面,即对美好的追求与向往。只有当我们表现出对学生的理解,他们才愿意与我们分享自己真实的想法,我们才能掌握学生的基本情况,在适当的情况下进行合理引导。

2. 说"星":主题班会课——树立追星观

在前几次微论坛讨论的基础上,梳理三代人不同的追星史及三代人的追星观,开展主题班会课。教师和家长要换位思考,用心体会孩子的行为,平等地与孩子交流;鼓励孩子勇敢地表达内心的真实想法,了解孩子追星的原因和发展需求。用亲身经历来引发孩子的共鸣,让他们认识到偶像崇拜自古就有,每个时代都有每个时代的英雄。但盲目的偶像崇拜行为,不仅会让我们迷失自我,还会让偶像成为我们成长道路上的绊脚石。通过广泛深入的讨论,帮助学生树立正确的追星观。

3. 寻"星":班有"星星榜"——寻找榜样星

在学生明确了追什么样的星后,举行"寻星"为主题的系列活动,鼓励学生发现身边的"平凡星",可以是校园里助人为乐的同学,可以是班级中热爱劳动的同学,可以是孝敬父母的朋友,还可以是认真负责的老师……每周利用班会课的时

间组织学生分享"平凡星"的不平凡事,并把各自的"榜样星"张贴在班级文化宣传栏中,引领学生向这些榜样学习,以此扩大影响力和感染力。

4.追"星":星有千千颗——我也去追"星"

活动后期,鼓励学生成为别人心中的那颗"星"。例如,改正自己的一个小问题,获得一颗"进步星";达成自己的一个小目标,摘得一颗"达人星";解决别人的一个小困难,取得一颗"助人星"。通过设置"智慧星""勇气星"等,开展追星活动,鼓励学生通过努力,收获各种进步,真正体验"我的偶像光芒万丈,我也星光闪闪"的快乐。

五、发挥导师优势,帮助学生建立审美态度

从"以美育德"的宏观角度出发,结合导师全员育人,端正学生积极向上的审美态度。班主任携手导师形成育人团队,引导学生建立"各有各美、美美与共"的审美态度。例如,在信息技术课上,信息科技老师可以向学生介绍互联网信息传播、点击率和流量的资本密码,如学生常用的"一键三连"其实非常容易受到情绪诱导和外部资本的操控,成为被利用的"工具"。又如,在语文课、历史课和思政课等人文学科的课堂上,教师可以向学生讲解对人类文明起到积极正向作用的思想智慧与文化审美。这种"美美与共"的审美态度,其实是更深层次的开放和道德品质的升华。再如,在艺体类学科中,让学生参与艺术创造、体育活动、科学探究、劳动实践等。导师们通过活动和课堂,让学生的生活不再只限于埋头苦读、生活枯燥,而是在团结协作的氛围中欣赏美和创作美,使自己获得美的享受,从而慢慢脱离流量经济和娱乐资本的禁锢。

学生追星,我们不能直接简单地否定他们的追星行为。通过理解接纳现状、满足情感的需求,引导学生多维度了解偶像,关注其内在品质,理性辨析"人设"及表象。带着学生一起去了解优质偶像,去了解现实生活的精彩,引导他们重新定义偶像。

第四节　学生出现严重的心理失衡，怎么办
——理性判断问题　满足发展需求

青春期是个体身心快速发展的时期，孩子的身形外貌、行为模式、自我意识、人际交往与情绪特点等都逐渐成熟起来，更加接近成人。这些快速变化会使他们产生焦虑、自卑、孤寂、不安等心理问题，严重时甚至产生不良行为。面对中学生的心理失衡现象，学校和教育应给予高度重视。

【现象扫描】

因病休学一年的小刘同学，因家长的再三要求和学校的反复沟通，复学到了年级组长兼班主任的李老师班级：一个初三毕业班，一个公认的优秀集体。小刘同学复学后的情况不太理想，她喜欢独来独往，上课状态不佳，作业完成情况不好，总是一个人缩在角落里。为了让她尽快融入集体，李老师每天询问她的学习情况和适应情况，对她的关注较多。没想到这样的关注引发了小刘的情绪失控。复学后的第三个星期，小刘同学就跑到门卫室大哭大闹，要求拨打110来抓李老师。闻讯赶来的家长不论是非，说老师刺激小刘同学病情复发，他们恶狠狠地恐吓李老师让她少管闲事，要求学校不要总是找小刘同学收作业，不要总是问她上课是否听得懂，不要让小刘做她不喜欢做的事。

为了不再刺激她，按照家长的要求，在之后的学习生活中李老师刻意和小刘同学保持距离，平时有什么通知尽量让其他同学传话。于是，教室的墙壁成了小刘同学发泄的平台，学校公共教室的黑板上都是她写的"大字报"。走到哪里，她的骂声就传到哪里。每天放学，她还不厌其烦地给李老师打电话，有时骚扰电话竟然可以响到深夜。在这个过程中，小刘同学又相继和班级数学老师、物理老师、政治老师发生了冲突，她攻击的对象逐渐从李老师扩大到班级其他老师，搞得全班上下人心惶惶。同学们对她百依百顺，生怕惹她不高兴而遭受与老师一样悲惨的下场。李老师原本不想刺激小刘同学，息事宁人，没想到这种情况更糟糕。李老师很恐慌，不知道该怎么办？

【归因分析】

小刘同学从刚开始的不适应到后期的全面爆发，除了有个人的心理问题，也与生活环境、家庭教育和学校教育有关。

一、家庭环境不利于成长

家庭成长环境对一个人性格的形成，习惯的养成，人生观、价值观、世界观的形成有重要的意义。生活在充满爱和尊重的家庭里的孩子，更加懂得包容、更愿意体谅他人，情绪也更加稳定。小刘同学从小父母离异，由母亲抚养长大，母亲除了要谋生还要照顾一个年幼的孩子。忙碌辛劳的母亲在面对孩子教育问题时，经常采用简单粗暴的方式，打骂多，关爱少，单方面要求多，双方沟通少，造成小刘同学内心压抑、孤独、没有安全感，形成易怒、敏感、爱猜忌和极度自卑的性格。

二、家庭教育缺少关爱

父母的陪伴和关爱是最好的教育。对未成年人来说，父母的关爱不仅让孩子内心温暖有安全感，也教会他们怎样去关爱他人，形成乐观向上的生活态度。小刘同学从小失去父亲，母亲也经常不在家，对孩子的照顾只是提供物质需求的满足，认为给她吃饱穿暖就可以了。对小刘同学对亲情的需求、希望得到陪伴与关爱的需求关注甚少。为了能让妈妈多陪伴她，小刘同学甚至故意受伤或生病。她常常一个人自言自语，与想象中的某人对话。家庭生活中缺少关爱与陪伴，使她的思维和认知受到很大的干扰，造成思维混乱、行为无章。

三、不适应复学后的环境变化

适应能力强的人，一般能调整自己去适应环境的变化，主动保持与集体、社会的一致。青少年环境适应不良，不仅会引发不良的情绪体验，造成适应社会的困难，而且会影响到人格的健全发展。当小刘同学返回校园，她必须面对学校的常规管理、中考的压力、繁重的课业负担，以及陌生的老师和同学们无微不至的关心，这让她感受到很大的压力，没有安全感。她本能地想保护自己，拒绝与人交流。对环境的不适应，让本就有心理问题的小刘同学情绪失控。

四、发展需求没得到及时回应

小刘同学复学后病情的复发，除了她自身的问题，班主任教育行为的失当也是诱因之一。刚开始，班主任面对因心理问题休学的小刘同学时，内心是抗拒的,很担心小刘同学的到来会影响班级整体发展;后来无奈接受后,就高度重视小刘同学的心理问题,给她过度的关注,没有给她慢慢适应的时间,造成小刘同学心理压力过大而出现情绪失控的现象。最后,面对小刘同学的心理失衡,李老师不但没有耐心地陪伴她应对负面情绪,不研究小刘同学的行为背后的需求,而是因内心恐惧而简单地选择了回避。这让渴望关爱和陪伴的小刘同学的心理需求无法得到满足。

【实践探索】

一、全面了解情况,贴近受伤的心灵

面对严重心理失衡、行为偏执的单亲子女,班主任要及时家访,全面了解情况。不仅要了解学生的居家状况,更要了解家长对子女的态度及感情,了解家长的性格特点及教育方式等。对获得的信息,要做好归因分析,便于有针对性地进行心理疏导。同时,用心去感受学生的痛苦和焦虑,设身处地为他们着想。只有这样,我们才不会以旁观者、局外人的角度来看待学生,才会理解和原谅学生的各种异常行为。也只有这样,我们的心才能更贴近学生的心,为今后的工作搭建心灵交流的平台。

二、给予适切关爱,宽容失衡的心灵

家庭生活不幸福容易让孩子敏感脆弱,老师不经意的言辞在他们眼中会被"放"得很大,这些会使他们产生抵触心理和防备心理,继而用过激的行为保护自己。面对这样的异常心理和行为,教师切忌简单粗暴或漠不关心,更不能找各种借口逃避困难而任由事态恶化。必须用理智去冷却心火,用理智去走进表象背后的真实,用一颗宽容博大的胸怀去接纳学生,耐心等待他们向我们敞开心门。

在找到小刘同学的"病因"后,班主任一直创造机会让她感受到来自教师和同学们的关爱和温暖,利用适当的场合和机会表扬和肯定她的认真和付出。从刚开始的抵触到后来的期待,小刘同学嘴边荡起了甜甜的笑容。慢慢地她不再大闹课堂了,也不再乱发脾气了。在她平静地面对大家后,班主任又拉近了和小刘同学讲话时的距离,并适当地加入肢体接触,搂搂她的肩膀,牵牵她的手,摸摸

她的头发,从刚开始的僵硬到后来的温顺,她在慢慢敞开心扉接纳班集体。

完全忽视会造成心理伤害,然而过分关注也会产生负面影响。要帮助小刘同学,只能从给予适当的关注开始,太多的关注会给她增加太大的压力,会让她产生恐惧心理,进而产生排斥。貌似无意的问候,看似不经意的指导,都能在她身上起到明显的作用,她在竭尽全力地为初三而努力着。慢慢地,她愿意接受其他教师的帮助,也经常到办公室问问题,师生间的关系也越来越融洽了。

三、发动集体力量,走进孤寂的心灵

家庭是社会的细胞,完整的家庭不仅是个人美好生活的起点,也是优良人格形成的源头。婚姻家庭关系越牢固,教育子女的条件就越好。面对家庭教育功能的欠缺,班主任要指导家长尽量弥补父爱和母爱的缺失,有意识地给孩子创造温馨有爱的家庭生活环境。除此之外,通过良性的亲子互动,陪伴孩子提高沟通能力和问题解决能力。用爱来滋养受伤的心灵,形成正确的认知和健康的身心。

班集体有很强大的育人功能,营造一个温馨和谐、团结友爱的集体生活环境,对心理失衡学生的行为纠偏很重要。通过大家庭同伴的互助和接纳,消除他们的抵触心理和防备心理,让他们走出阴影,敞开心扉与人交往,从而消除他们自卑心理,改善人际关系,改变他们对生活和人生的看法。

总之,理解、宽容、关爱是心理失衡学生教育中不可缺少的三大要素。这些要素能帮助班主任找到学生心理失衡的轨迹,促进我们全面了解他们、耐心走近他们、尽力关爱他们,让他们感受到被尊重、受重视,体验到家庭中缺失的情感体验和感情交流。如果我们把集体的温暖、同学间的友情、老师的关爱、家庭的亲情巧妙地融合在一起,必将产生无穷的能量,抚慰失衡的心灵。

第五节　学生出现考试焦虑,怎么办

——引导理性认知　健全支持系统

一般情况下,大多数学生面对考试都会产生紧张、不安、担忧的情绪。心理学研究表明,适度的紧张情绪,有激励作用,有助于学生在考试过程中更好地发挥。但是,过度的紧张情绪,会引发学生的非理性认知,不仅会影响他们在考场上的表现,严重的还会造成心理问题。

【现象扫描】

小婕同学乖巧文静,是班级的中队干部。父母文化程度不高。母亲在几年前因身体原因辞掉工作,全职在家照顾小婕同学,父亲是出租车司机,平时早出晚归。父母性格都比较内向、不善交际。小婕同学和爸爸、妈妈的关系融洽,但平时和父母的沟通不是很多,谈话的主要内容更多的是生活起居和学习方面,对孩子内心的想法和初三的感受交流不多。

小婕同学平时师生关系融洽,同学间能和睦相处,但知心朋友不多,她不太喜欢与人分享家庭或私密的事情。小婕同学学习刻苦努力,成绩一直比较稳定。没有想到在进入初三后的第一次数学考试中,她没有做完题目,成绩不理想。从此,只要数学测验或考试,她就心跳加速,手心出汗,会做的题目都不会做了。而且,这种情况还有蔓延开的迹象,除了数学,其他学科的考试也会紧张,心跳加快,考前还会出现失眠现象。

【归因分析】

案例中的小婕同学正处于青春期,随着自我意识的迅速发展,她对自己的身份、角色、志向、价值等问题有了更清楚的了解,对外界的刺激也更敏感。小婕同学产生考前焦虑的心理反应,受个人的认知、评价、个性、环境等因素影响,具体表现在以下几方面。

一、成长环境有压力

小婕父亲是出租车司机,母亲因病在家休养,家庭经济一般。父母为了给她提供良好的学习、生活环境,非常节俭,自己舍不得吃,舍不得用。家里什么都不让她干，就让她好好学习。虽然他们对考什么学校没有提出明确的要求，但日常的点滴让小婕同学觉得考不好是对不起父母的。小婕同学看到父母生活如此艰辛，非常希望通过自己的努力，让父母过上幸福生活。因此，她觉得自己必须好好学习，考上好大学，找到一个好工作。这一切都让小婕同学感到压力很大，她不知道该怎么走出困境。

二、自我认知有偏差

小婕同学是一个认真好强的女孩，考试失利打击了她的自信心，使她对考试产生了恐惧心理。进入初三后，每次考试的过度紧张使她的成绩越发不理想，这样的结果又强化了她的担心和不安。她担心之后的考试也会失利，尤其是中考。如果中考考砸了，进市重点的梦想就破灭了，人生就没希望了。她认为"中考、高考是改变人生命运的机会""考上好高中、好大学、找到好工作才能让父母感到幸福"等，这些不合理的认知导致了不良的情绪。除此之外，小婕同学性格较内向，不愿意把太多的心里想法告诉给他人，又没有找到其他合理的宣泄情绪的途径，压抑久了，情况也就更糟糕。

三、家庭教育有盲区

小婕同学的父母受教育程度不高，家庭生活中更多关注孩子的衣食住行，日常对孩子思想引导和心理需求关心甚少。父母性格较内向，不善表达，家庭教育方法单一，对孩子学习过程中产生的问题，简单归因为不够努力，对如何解决问题无法进行具体的指导。他们虽然也很担心小婕同学初三考试不理想，但没有及时发现孩子的异常行为背后隐藏的心理问题。由于家庭亲子沟通不畅，在小婕同学遇到困难时没有及时向父母求助，而是选择一个人默默承受。

四、学校教育有不足

进入初三后学生课业负担比较重，学习压力比较大。虽然教师们也注意到小婕同学在考试过程中情绪过分紧张，很焦虑，但大家认为她是一个学习刻苦努力的好学生，一次失利没有关系。除了进行简单的安抚，让她好好加油，注意考试时间的合理安排外，也没有及时给予必要的关心和心理疏导，使小婕同学的不良情绪一直没有得到很好缓解,反而在一次又一次的考试中不断叠加放大。

【实践探索】

对于考试焦虑的学生,班主任要积极开展心理辅导,引导学生增强调控心理、应对挫折的能力,培养学生健全的人格、积极的心态和良好的个性。

一、建立良好的师生关系

全面了解、真诚关心、积极关注等行为,以及倾听共感等咨询技术,可以让有心理异常的学生充分宣泄,缓解不良情绪,拉近师生彼此的心理距离。对于像小婕同学这样的考试焦虑问题,班主任首先要选择一个安静的环境,通过使用共情、倾听、开放式提问等策略充分了解学生的情况,对她的家庭背景、成长经历、个性特征、社会支持系统、考试焦虑的程度与表现等做了全面的了解。

在这个过程中,班主任还要耐心倾听,适时共情。专注认真倾听可以让学生感受到被尊重,易营造温馨的环境让学生放下心理防备,敞开心扉地与老师交流,倾诉自己的烦恼。共情是建立良好辅导关系的必要条件之一。在与学生交流时,要让她感受到我们能感受到她的内心世界,能将心比心地感受到她的感受,从而建立较好的辅导关系和彼此的信任。

二、矫正非理性认知

案例中的小婕同学把考试没考好与未来的人生产生了关联,担心接下来的考试也会像第一次数学考试一样失败;如果中考考不好,高考也就没指望了。这种对考试的非理性认知,即对考试结果过分概括化和绝对化的非理性信念,正是导致她考试焦虑的主要原因。因此,班主任要通过矫正她的非理性信念和认知,解除焦虑源,改善考试焦虑情况。

通过耐心沟通,让小婕同学认识到"条条道路通罗马",中高考并不是唯一的出路,而且我们也不需要为没有发生的事情担忧害怕。其实,很多时候左右我们情绪的并不是考试结果本身,而是我们对还没有发生事情的不合理认知和态度。如果我们能换个视角去看待考试,或许就能更加从容淡定地去面对。

三、改善社会支持系统

缓解考试焦虑,除了帮助学生矫正非理性的认知,还要通过对家庭、学校支持系统的改善,满足学生情感需要,使他们获得积极正向的情感支持。对小婕同学的问题,班主任需要与其他老师和家长进行交流,就小婕同学近来的行为表现和各方面情况进行了解,并针对存在的问题进行沟通。同时,还要鼓励小婕同学主动找老师、父母、同学沟通,分享初三的感受,交流生活中的心得等,让情绪得到适当的释放和宣泄,为心理减压。

此外,班主任还要指导小婕同学做好时间管理,指导她做好日常和考试过程中的时间分配,通过科学安排时间、合理管理时间等方式,让日常生活轻松有序,降低因个人因素造成紧张和不安的概率,营造良好的氛围和环境。

四、增强自我效能感

有时候,焦虑来自内心的不自信,自我效能感低。因此,可以鼓励小婕同学参加她擅长的活动,如艺术社团、运动项目、文化活动等。通过活动参与,引导她客观地认识自己的优点和长处、缺点和不足。在获得成功体验的同时,增强自我价值感和认同感,提高对自我的评价。与此同时,还可以一起讨论参加活动项目后对最终结果的看法,引导她感悟:活动参与重在过程,即使最终没有得到奖项,能参与自己喜欢的活动,充分表达自己的想法和创意就是一种成功。

总之,当学生考试焦虑时,我们首先要用真切的态度取得他们的信任,通过与家长、教师的沟通,帮助他们改善支持系统,营造良好的心理环境和生活环境。其次,要"对症下药"纠正他们对考试的非理性认知,消除焦虑源。最后,还要搭建平台,通过成功的体验增强他们的自我价值感,帮助他们树立自信心。

第八章

激发生命自觉的发展性评价

教育评价要尊重学生差异，关注学生成长的过程，为学生持续性发展服务。通过全面、全程、全方位发展性评价，来激发学生主动发展、自我成长的生命力量。学生在动态调整和生成过程中发现潜能、发扬个性、获得持续发展的动力；学生在自我实现的过程中，全面认识自我，不断扩展成长空间，建立价值观，重塑学习方式，增强自我成长的意识和能力。

第一节　理论概述

传统的评价注重结果性,充当"甄别、选拔"的功能。如今,我们需要转变观念,注重评价对学生成长的积极意义和价值。通过全面、全程、全方位的多元评价,来激发学生积极的生长力量,全面认识自我、树立成长信心、积极发展个性、获得持续发展。

一、概念界定

1. 内涵

"发展性评价"关注学生成长的过程而非阶段性结果,"评价"仅仅是教育的策略而非目的,起到认识自我、激发动机、维持兴趣的作用。"激发生命自觉"是指发展性评价让学生获得成功体验、激发内驱力与生长力,拥有自我发展的意识。

能激发生命自觉的发展性评价,其目的不再是甄别、选拔学生,而是为学生的发展服务,通过评价帮助学生发现潜能、发扬个性、获得持续性发展的能力,促进学生的健康成长。

与传统的评价方式不同,"发展性评价"中的评价者不一定是教师,也可以是学生个体的互评、自评,或者学生群体讨论后得出的评价。这体现了评价的过程本身也具有教育意义:评价标准的确立也是学生自我教育的过程,引导他们建立价值观、重塑学习方式。

完整的发展性评价过程包括对教育内容和被教育者进行详细的分析,确定适切的教育目标,设计合理的教育环节,制定科学的评价内容和标准,实施并调控整个教育过程,收集评价结果,总结并反思教育过程。

评价的形式是多样的,包括电话与面对面表达的口头评价,以评语、奖状、书信为载体的书面评价、交流展示、同伴赠言等。

2. 特点

(1) 过程性

"发展性评价"的核心不是结果而是评价的过程。关注学生成长过程中的点滴进步与变化,如与他人交流的能力、自我反思的意识、求真务实的态度等,让每一位学生都能在现有的基础上不同程度地获得发展。尊重生命的主体性与差异性，注重学生在教育活动中的参与、体验与感悟。

同时，评价也是一个动态调整与生成的过程。人的成长是一个长期的过程，因此对他的评价不能停留在某个阶段，要用一种长远的意识去评价，在过程中不断调整，促进学生的持续发展。

（2）全面性

评价的内容、对象与过程均具备全面、全程、全方位的特点。评价的内容不再局限于学业成绩，也包括身心健康、兴趣特长、性格特点、生涯规划等方面。评价不以最后的"成功"与否作为依据，而是以学生在教育教学活动过程中表现出的态度、能力、结果等多元维度，给学生即时、动态的反馈、提醒和指引，从而实现教育行为的价值增值。如果在评价中只关注学生思想认识、知识能力、情感交流中的某一个方面，对其他情况视而不见，就不能全面而客观地对学生进行评价，也就无法起到促进学生发现自我、发展个性的目的。

（3）成长性

发展性评价指向学生未来的成长，根据每个人不同的发展阶段和水平提供个性化的发展指导和诊断，发现学生成长过程中的增长点、潜力，不以绝对数值为标准，而以进步程度为依据；不仅和他人作比较，更强调自身态度的转变、方法的优化、能力的提升，以促进学生进步。

二、价值意义

1. 有助于激发成长动力

在传统的评价中，由于评价标准的单一与功利的目标指向，只有一部分学生能体验到成功的快乐，大部分学生或被忽略，或成为"失败者"。这样的评价没有把学生当作教育的主体，忽视了其内在独立人格的塑造培养，将学生当作灌输、矫治的对象。传统的评价重视外在的社会规范的强化，给发展暂时落后的学生贴上"差生""后进生"的标签，严重打击了学生的自尊心与自信心。

发展性评价尊重每位学生的独特个性与发展情况，通过全面观察与分析，帮助学生发现自身的优势与潜力，提升自我效能感，增加自信心与努力的动力，从而激发主动发展、自我成长的意识和能力。

2. 有助于学生适性成长

不同的个体之间存在差异,但传统的评价并没有把学生当作有着不同发展状况的个体,而是用整齐划一的评价模式去要求和评价学生,轻视学生在能力和条件上的客观差异,忽视学生个性的特点。发展性评价则突出个别化指导,依托多元维度、多种方式,评价不是将学生拉进一个预设的"框架"内,而是以学生发展为目标,为他们找到符合自身特点与需要的目标达成方式,达到使每一位学生都能在原有基础上提升的适应性发展的教育目标。

3. 有助于全面认识自我

由于评价的内容与维度具有全面性,学生通过评价不仅能重视学习和活动的成果,还会反思哪些要素将影响成果,从而全面认识自我和他人的优势与不足,正确认识"成功"与"失败"。从个人的整体评价来说,他们可以了解到一个"优秀"的学生不仅需要具备学习能力,还要在身心健康、理想信念、道德修养、态度意识、责任奉献、交往能力、兴趣审美等方面全面发展。从单一事件的评价来说,他们可以学到影响一件事成败的不仅有天赋基础,还有做事态度、方法、规划协作能力等,从而全面认识自我,建立自信,树立奋斗目标。

三、遵循原则

1. 坚持公平公正,营造民主评价氛围

班主任在评价或组织评价时必须对被评价对象进行客观、公正、真实和负责任的评价:

其一,班主任应实事求是,根据评价标准和范围,以学生的一言一行为依据,真实地评价学生。班主任应不偏袒任何一方,不带有任何私人感情或个人利益的干扰,不产生先入为主的成见,不因学生之前的行为或其他任何因素,影响对评价对象的判断。

其二,班主任应以身作则,公平公正地进行评价。在学生互评过程中,班主任不暗示不铺垫,确保学生独立自主地做出评价。

2. 体现"以人为本",强化动态发展评价

评价要分层。班主任要全面了解学生,关注学生的个体差异,实施分层评价,从而起到更加明显的导向作用。分层评价的出发点是从学生个体的实际出

发,制订适合他的合理的层次目标作为引导,设定不同的任务,让学生更容易达成。

班主任要对教育教学活动的过程进行评价。不仅关注结果,更关注学生在过程中的发展:如何探究问题? 怎样参与课堂和活动? 同学之间是怎样合作协调的? 如何安排时间? 如何反思和调整? ……这不仅有利于帮助学生构建一个什么是真正的发展和怎样实现这种发展的认识系统,更能引导他们找到发展的方向和维度、认识发展的优势和不足,从而增强发展的信心和动力。

班主任应仔细观察学生学习生活中的表现,敏锐地意识到教育契机,及时表达对学生的认同,尤其是在他们有细小进步或微小闪光点时,要善于用赏识和期待的语言去评价学生,这会对他们的成长起到积极而有效的促进作用。

3. 丰富评价主体,构建多元评价形式

发展性评价的主体是多元的,评价不再以单独一位教师为主体,而是集合了学校管理者、班主任、任课教师、家长、学生个体、学生群体、社区人员等多方评价者。

班主任可邀请家长参与评价。调动家长参与学校教育的积极性,全面了解学生现状和教育的要求;有助于了解学生的家庭生活和家庭教育情况,为学生的成长提供更有力的支持和专业的指导;增进对彼此的理解和包容,有助于亲子关系的融洽。

班主任可指导学生通过反复沟通、协商讨论,自行制定评价标准。在这个过程中激发学生参与的热情,形成对自身行为的要求,从依靠教师外部力量的督促和控制,转向学生对自身行为的反思和调整,最终达成价值的认同。

4. 拓宽评价内容,完善多维评价标准

发展性评价的内容非常全面,指标要有多维度、多层面,从以成绩为主转向关注学生的实践能力、合作能力、探究能力、心理素质和思想品德等方面。它不仅反映学生的学业情况,而且要反映意识态度、价值判断、人际交往、成长变化等方面。对学生的评价既要有最基本的要求,也要关注学生个体的差异。

同时,发展性评价要落实到日常的学习活动中,不再局限于校园和课堂,而要延伸到课堂外、家庭中与社会中,不断扩大学生的发展空间。

第二节　学生评语的导向功能不明显，怎么办
——关注成长过程　巧用多维评价

学生评语就是运用优美精练的语言，真实、客观、全面地反映学生主要特征，动态看待学生问题并指向学生的发展，有助于学生的教育。班主任评语是班主任对学生一个时间段内表现的综合评价，是评价学生在校表现的常用方法，是班主任工作的一项重要内容。

【现象扫描】

学生评语既是一门融教育学、心理学、写作学为一体的学问，又是一项反映观察、分析、概括、综合能力的基本功，还是一面体现教师的人文素养和师德的镜子。撰写评语既是班主任的一项基本功，又是班主任责任心的试金石，它的外在功能是评价，内隐功能是育人。

有些班主任对学生评语的意义和价值的认识有偏差，因而在写评语的过程中没有凸显学生的个性特征，语言生动性不够，没有倾注情感，评语没有显现出激励学生发展的功能。部分班主任认为学生不会在乎教师写什么，家长也不看教师写的评语，因此没有必要写个性化的学生评语；有些班主任认为写评语要面面俱到，结果千篇一律，学生的各方面只能蜻蜓点水式地提一笔；有些班主任带着偏见或先入为主的印象，语气生硬，多以指出缺点、提出要求为主；还有些班主任自己一个人就对学生做出了结果性评价，对过程性评价的重视不足；更有甚者直接下载网络上的评语模板，通过复制剪贴来敷衍了事。

【归因分析】

为了有效提高学生评语的育人功能，班主任在写评语时必须走出以下几个误区。

一、缺少多样性

学生评语的评价指标单一，一般多以学习成绩、学习态度、学习过程中的表现为主，从知识、能力、态度三方面进行评价，对学生心理状态、生活态度、劳动意识、活动参与、交际能力、兴趣爱好、习惯养成等方面的关注不足，导致学生评语

的内容雷同,千篇一律。

二、缺少针对性

评语一般化,体现不出学生之间的差异,往往不符合学生实际。评语语言模糊化、笼统化,缺少个性化描写,对学生的兴趣爱好和个性特长的关注不够,没有从学生成长过程中的细节和典型特点入手,评语存在不少形式主义的内容。

三、缺乏交互性

对学生的评价往往是一种自上而下的评价,评价指标体系和评价内容由学校或班主任单方面确定,缺少民主的讨论,故在评价过程中学生处于被动状态。评价主体单一,缺少自评、互评、家长评、任课教师评的环节,没有形成多主体共同参与、交互作用的评价模式。

四、缺乏发展性

对学生的评价,重视结果性评价,对学生成长过程中的努力付出、进步程度、态度的转变等过程性评价不足,对后续发展的指导不够,导致评价的导向功能、激励功能、调节功能、改进功能难以充分发挥。

传统的评价体系常常令学生在失败时产生挫折感和自卑心理,发展性导向不足,无法使学生体会到成就感,丧失了评语育人的实效。

【实践探索】

获德罗曾经说过:没有感情这个品质,任何笔调都不能打动人心。班主任只有对事业、对学生充满感情,充满爱,才能写出滋润学生心灵的评语。

一、尊重差异,一人一评

每个学生都是独一无二的生命体,班主任在写学生评语时要有针对性。评语既要看学生在校的表现,又要看学生在家庭和校外的表现。在坚持实事求是、客观公正评价的同时,更应尊重学生的个性,关注学生的发展。要全面看待学生,多从学生的进步方面去写,婉转地指出学生的不足,诚恳地渗入一些对学生的期望言语。行文可以先用形象而饱含情感的语言勾画出学生"闪光点",从学生的某些典型特点入手,这不仅可以使学生充分感受到教师对他细致入微的关爱,而且能增加学生对教师的情感依恋,拉近师生间的距离。

以小 A 同学为例:小 A 同学小时候脸上有一块胎记,被同学们嘲笑和起外号。虽然通过手术,胎记已消失,但她孤僻沉默的性格没有改变,不敢和别人正面讲话。到了青春期她更是很少和别人交流,严重缺乏自信。但是,小 A 同学心地非常善良,也热心帮助同学,她的默默奉献大家都看在眼里。可由于沉默寡言,不善交际,使得她和同伴们产生了距离感。

【参考评语】

第一次见到你,你一直害羞地低着头,小组游戏中轮到你发言,你沉默不语,脸涨得通红,你当时一定很紧张、尴尬,对吗? 老师很心疼你!(回忆相处的细节)

有一次看见你主动捡起走廊上的垃圾并扔进垃圾桶,让我印象深刻。每次班级外出活动时,你总是主动关灯、关门,最后一个离开。下雨天总能看见教室后面有一个红色的桶,原来是你带来供同学们放雨伞的。老师为你热心、善良的举动点赞,也感谢你为集体默默地奉献。(表扬具体的行为)

很多学生都在我面前夸赞你,大家也很愿意与你做好朋友。勇敢地迈出第一步,就会发现和别人交流并没有那么害怕,老师很愿意成为你练习的对象。(以建议的方式予以激励)

二、关注过程,多维评价

评语不是结果性而应是过程性,评价的过程比最终的评语更重要。班主任要把学期终结性评价变为学期形成性评价,评价过程由"独唱"变为"合唱",由学生自评、组内互评、任课教师评价、家长评价、班主任综评多层面多维度的评价来完成。这不仅可以激发学生的自主发展意识,发挥同伴的互助功能,还能让家长更多地参与孩子的生活,调动家长家校共育的积极性。

在撰写评语前,班主任还可以进行学生自评、班级民主评议与交流。学生本人以及学生所在小组分别就"本学期最自豪的一件事""本学期最大的进步""下学期需要努力的一个方面"三个问题进行自我评价和同伴互评,请学生写写自己,夸夸伙伴。在集体交流的过程中,学生对自己做出正确的评价,懂得欣赏他人的优点,能够接受他人建议的教育目标。

实行评语反馈。阅读评语后,学生可以写一写内心感受、对未来的计划等,家长可以写一写对孩子的期望和建议等。这样,既可以提高学生和家长对评语的重视度,也可以从中了解学生思想动态和家庭的亲子关系。

三、抓住重点,以真取信

班主任评价学生,要着眼于学生的可持续发展和全面发展。但也不用面面俱到,可针对学生特点和主要的问题展开;要重视非智力因素的激发,在评价过程中不能贴标签或用结论性语言,淡化缺点,用鼓励性语言指出努力的方向。

评语面向家长和学生,因而评语要以情动人、以理服人、以真取信,要架起师生、生生、家校、亲子沟通的桥梁。撰写评语时,班主任要充分发挥评语的激励功能,既要拿着"放大镜"去发现学生身上的闪光点,又要用"望远镜"为学生提供具体的成长建议和下阶段发展目标,让学生在感受前进动力的同时,得到操作层面上的方法指导。

例如,有一位男生各方面表现都很好,但是参与集体活动不积极。针对这个问题,班主任在评语中写道:"你就像夜空里的一颗星,总是发出迷人的光芒。但是老师希望你不仅照亮自己,也能照亮他人。多参与集体活动,大家共同进步,让我们的集体群星闪耀,岂不美哉?"看到评语,这位同学马上意识到自己的不足,开始积极参与班级各项工作。

四、表达关爱,以情动人

传统评语常用的"该生"来称呼被评价者,这样不带情感的语气容易让人产生距离感,会削弱评语的沟通功能和教育作用。而用"你—我"的温馨式的语言表达,体现出学生评语的情感性,把撰写评语看作是与学生和家长的一次心灵沟通,用真诚和饱含情感的语言表达教师对学生的关心、爱护与期望,使评语成为融洽师生关系、家校关系的催化剂。例如:

评语一:

该生热爱祖国、热爱党,坚持四项基本原则,关心时事、关心集体,尊师守纪,学习刻苦,成绩优良,劳动积极,希望能与同学友好相处。

评语二:

如果说,每个人都是一颗星,那你就是咱们班最亮的那颗星。科创赛全国总冠军,青创赛市一等奖,你徜徉在科创的海洋里,闪闪发光。但是,看着你频频出错的作业和上课迷迷糊糊的样子,老师担心你有点乐不思蜀了! 相信认真评估现状后,合理安排时间的你会更加耀眼!

相信不少班主任看到"评语一"会有似曾相识的感觉,而学生及家长一看便觉索然寡味,塞进抽屉。"评语二"以精炼而中肯的语言把一个各方面都很出色,但时间安排不科学的学生的形象勾画出来了。

五、加强积累,长期激励

班主任平时要对学生日常学习、生活中的表现进行细心观察,从细微处发现闪光点,并做好观察记录,把学生平时表现中有代表性的个性倾向或事例记下来,作为期末写评语的依据。多方面地了解学生的成长过程、家庭环境、心理特点和个性特长等情况,以便更好地对学生的表现进行分析和概括,在理性归因的基础上,提出更实际的发展方向。

哲人的话和名言警句虽然短小精炼,却富有哲理,具有很强的感染力,对学生有很强的启迪和引领作用。比如,可用"书山有路勤为径,学海无涯苦作舟"来鞭策学生刻苦攻读;用"会当凌绝顶,一览众山小"来激励学生树立远大理想;用"君子博学而日参省乎己,则知明而行无过矣"来教育学生不断反思进取;用李白的"天生我材必有用"来鼓励学生不要放弃。

总之,评价要尊重学生的主体地位,始终把学生放在"人"的位置上,尊重学生的个性,着眼学生的全面发展。学生评语不是给学生贴标签,而是在评价过程中激励学生全面发展,让学生更清晰地认识自己,并通过具体可操作的建议和方法指导,帮助学生找到成长的动力和方向。

第三节　学生自主发展意识不强,怎么办
——转变评价方式　激发内心自觉

苏霍姆林斯基曾经说过:"只有能够激发学生去进行自我教育的教育,才是真正的教育。"激励是班主任常用的一种教育策略,它能激发学生的进取心和内驱力,让学生产生积极的情绪体验,使学生对自己充满信心,敢于超越现在的自己,驱动学生产生积极的行为,朝着一个更高的目标前进。

【现象扫描】

一般而言,教育中的激励功能体现在以下两个方面:一是对学生的积极意识和正确的行为进行强化,使其固化为习惯和稳定的心理品质;二是对学生的非理性认知与行为进行批评矫正,培养学生的是非观与自我认知能力。理想的教育不是灌输,而是去点燃学生的热情,激发学生的生命自觉,班级管理亦是如此。

每天放学前的班级总结是班主任落实常规管理的重要举措。有的班级通过值日班长小结、同学补充、班主任总结的形式对班级一日常规进行反馈,以发现问题为主要目的,以批评惩罚为主要教育手段。这样的评价犹如"批评大会",打击了学生参与校园生活的热情。惩罚更多是外部的影响,并没有从内在改变,教育效果随着学生年龄的增长而减弱。有时候,犯错的学生在接受处理后并未因此收敛,反而会愈演愈烈,导致同学关系紧张,值日班长和班委不敢管或不愿管,班级风气不正。

还有的班级则以激励教育的正面引导为主要策略,流程一般是值日班长小结、同学相互表扬、被表扬的同学分享感受、班主任点评。在这个过程中,学生感受到教师和同学的关怀激励,感受自己被肯定和被关注。同时,一些长期被表扬的同学在同伴间也起到了榜样的激励作用。这种激励通过同伴、教师不断强化,渐渐转变为学生自发地想要往好的方向发展。

像这种借助班级每日放学前几分钟的激励教育,是以学生发展为本的。对学生的评价不以成绩论短长,更多的是关注学生的日常表现和可持续发展。通过同伴和师长的积极肯定,让学生对自身有了更加理性全面的认识,让每一位学生在班集体中实现自身的价值的同时,还可以使班集体更加融洽和谐。

【归因分析】

影响学生主动发展的因素很多,有环境因素、教育因素,也有学生对自我的认知和要求。这主要体现在以下几方面。

一、学生的社会支持系统不完善

马斯洛需要层次理论认为,个体"自我实现"的需要是最高层次的需要,它的实现以生理需要、归属需要和尊重需要等基本需要满足为基础。个体自我实现过程,就是充分利用和激发潜力,不断发展自我的过程。如果学生的社会支持系统不完善,在家庭生活中感受不到温暖和关爱,在校园生活中没有归属感,在同伴相处中没有得到积极回应和接纳,他们的基本需要没有得到满足,就会导致自我认同感不足,自我发展意识不强,不能正确地认识自我、认识环境和他人,学习动机不强,面对困难时容易放弃。

二、学生的发展动机未得到激发

常有家长为孩子学习过程中的"不认真"和"厌学"感到万分焦虑。学生学习动机不强,有可能是由一些错误认知,如"读书无用""听课无用""作业无用""某学科无用"引起的,也有可能学习过程中只有外部动机,而缺少内部动机的激发。发展动机能激发学生的学习热情、指引他们通向目标,在遇到挫折时依然保持信心,是学生发展的内在驱动力。发展动机强的学生能自觉、积极主动地学习、探索,能自觉克服困难;发展动机弱的学生做事敷衍了事、无法坚持,即使强迫他们参加学习活动或体验活动,也是前学后忘,效果甚微。

三、学生的发展目标定位有偏差

清晰的目标是动力产生的源泉,它会引导我们努力克服困难,挖掘潜力把目标变成现实。学生自主发展意识不足,可能是由于他们自我定位存在偏差。制定的目标太高,学生可能会因难以达成心愿而备受打击,导致自信心不足,容易形成"习得性无助";目标过低,学生在实现目标的过程中获得感不高,不易维持兴趣,学习动机容易减弱。还有的学生对自身学习能力的认识不足,面对学习成绩的起伏或发展的不理想,没有正确归因,也没有行之有效的举措。

四、学生的优势特长未得到发展

心理学研究发现,小学低年级学生好奇心重,期待每天的校园生活,渴望得到新的体验。但是,在三年级后,随着学生内部动机的下降,极易出现由于不喜欢某个学科、不喜欢某个教师而影响整体发展,也有可能由于父母要求过高或自己基础太差,学习过程不愉快而导致学习兴趣降低。兴趣是最好的老师,学生喜欢写作,容易在创作中感受到乐趣;学生擅长音乐,则在优美的音乐表达中提高对自我的评价;学生擅长运动,则在追求目标的过程中对自我有更准确的认知。因此,在建班育人的过程中,班主任要善于发现学生的闪光点,引导学生去挖掘自身的潜能,发展自我优势,培养健康的兴趣爱好,把积极的情感体验迁移到弱势领域中,努力发展与完善自身的不足之处。

【实践探索】

面对学生的发展不理想,班主任要创设多样化激励手段,激发学生的内心自觉,引导学生形成积极向上的生活态度、学习态度和发展意识。

一、制订适切目标,激发成长动机

在班级管理中,班主任指导学生在详细分析自己的性格特征、兴趣爱好、学习现状、优势劣势、突破点等情况的基础上寻找最近发展区,制订适切的发展目标。通过激励措施充分调动学生的自主学习积极性,学生在实现激励目标的过程中,感受学习的乐趣,获得成就感。

1. 班级目标和个人目标相统一

班集体建设是班级每个人共同的责任,它也是班主任育人的操作系统,师生通过建设一个有共同愿景和优良班风学风的班集体来实现育人的目标。因此,学生的发展目标和班级的建设目标应该是一致的;只有当学生的需求和教育的要求一致时,教育效果才是最大化的。作为班主任,在班集体建设的过程中要提高学生对集体的认可度和归属感,实现班级的发展目标和学生个人发展目标的一致性。在班级管理中应用目标激励的方式,以学生为中心,引导学生主动参与班级管理,从而有效地创建良好的班集体,营造良好的学风班风。

2. 长期目标和短期目标相结合

学生发展目标的达成,有利于动机的激发和维持。因此,在设定目标时,既要让目标有一定难度,又能通过努力达成;既要有长期目标,又要有具体的执行计划。另外,目标要具体明确,适当可测,多个目标之间要做好平衡。可以根据实际情况把长期目标分解成不同的短期目标,把理想目标分解成若干具体现实目标,当一个个小目标实现后,形成班级、学生发展的愿景。在目标的驱动下,就能更好地挖掘学生的潜力,激发他们的学习动机。

3. 学习目标和诸育目标相融合

在设计任务目标时,目标应清楚明确,结合学生的实际情况综合考虑,将素质目标和知识目标相融合,将学习目标和德育目标相统一,把社会主义核心价值观融入激励目标中,有机融合短期目标与长期目标,使学生在不断实现短期目标的过程中获得全面发展。

二、给予合理期待,鼓励适性发展

班主任应对学生的个体发展始终抱着一定的期望,并且要让学生感知到这种期望。教师的期望能让学生感受到被赏识、被尊重的快乐,会让他们产生积极的心理暗示和积极的行为反应。他们会认定自己有这个能力或潜能,会为了满足班主任的期望而奋发努力。

班主任要抓住教育契机,贴近学生生活实际的教育资源更容易引发学生的共情,如课堂上专注的眼神、认真听讲的表情,经过教师肯定和放大后,变成“认真专注”的代言人;参加活动过程中群策群力的身影,反复失败还不放弃的倔强,经过教师的宣传和表扬,变成培育“集体意识和坚持力”的绝好资源。课堂上分发资料,左边的学生拿到后,传给右边的学生,没有停留;主动将书放在课桌中间,给忘带教材的同桌看,这是多好的“为他人着想”的例子。课外也有这样的教育契机,学生作业订正了三次,错了三次,依然不急不躁;老师布置的作业,学生主动往前走一步,诸如此类的事天天在发生。

这样的激励教育能让学生运用积极的心理能量与自卑的心理相抗衡,让学生努力改变自我,走到新的天地,实现自我的创新发展。实践证明,在这样的激励教育手段下,班集体建设呈现出积极向上的发展态势,班级管理的水平也会得到提升。

三、优化评价方式,促发内心自觉

心理学研究表明:内部动机比外部刺激更具持久性。优化评价方式,让学生参与评价,将被动接受评价变为一种主动参与、自我反思、自我教育、自我提升和发展的过程,有助于学生接受和认同评价结果,更有助于学生自我心智的发展和内心自觉的激发。

比如,电子成长档案的创建,充分尊重学生的主体地位,让学生通过自己记录、自我评价和自我教育的方式,促发内心觉醒,寻求主动发展。通过电子档案的记录,激发学生参与丰富多彩的德育活动的积极性,让学生成长为更加勇敢、更加自信的自己,提高他们的自我认同感。

这种评价方式主要突出学生个体内差异的评价,即"一种把每个评价对象个体的过去与现在进行比较,或者把个体的有关侧面相互进行比较,从而得到评价结论"。简单地说,学生不用和班级中其他同学进行比较,他只要把自己的过去和自己的现在相比较,来判断自己是进步还是退步;这还是一种动态的发展性评价,即使学生在这周表现不佳退步了,也不会影响他下周的评价,只要他选择努力改进,他依然可以在下周得到比较高的肯定。

四、培养学习兴趣,维持内部动机

兴趣是内部动机的一种表现,学生在参与感兴趣的学习任务或活动项目时,会产生愉快、兴奋和喜爱等积极的情感体验。对学习感兴趣的孩子,会对学习投入更多的精力,乐意完成分配的任务,渴望学习更多的课堂知识,更有可能进行深入思考,也更有可能取得高水平的成就。相反,具有外部动机的学生,他们可能不得不被动地去学习,进行肤浅的思考,通常只对简单的任务感兴趣,只要求自己达到最低的学习标准。学生经常同时受到外部动机和内部动机的双重影响,但兴趣最终决定学生学习行为的持续时间。它可以激励学生寻找所学知识的意义,并学以致用,离开学校后,也会继续享受学习的乐趣。

五、加强家教指导,健全支持系统

加强家校协同,要指导家长客观地评价孩子的学业发展水平,用可持续发展的眼光看待孩子的成绩和发展现状的不理想。这具体包括以下几个方面。

1. 家长要关注孩子发展的现状

(1) 避免家长的期望值和孩子对自身的要求不匹配。家长一厢情愿地把自己的梦想强加给孩子,希望培养出他们理想的"传承人",却没有考虑孩子的需求。

(2) 避免家长的期望值和孩子的现状不匹配。家长盲目地制订过高的目标。面对达不到的目标,孩子没有动力,甚至由于过高目标长期无法达成而选择放弃。

(3) 避免家长对教育的认识与时代要求不匹配。有些家长认为英语学习就是背单词,语文学习就是背课文……这些与时代要求不匹配的认知,导致家庭教育中对孩子的指导缺乏针对性和科学性。

2. 家长要关注成绩背后的趋势

家长要认识到同一个分数对不同的人有不同的意义,如一个孩子从 30 分到 60 分,虽然成绩不高,但对他来说是一个巨大的进步,应给予肯定和鼓励,这是让孩子建立自信的最好方式,也是激发他努力向上的有效途径。另一个孩子总是考 90 分,这次考了 80 分,虽然成绩尚可,其实是退步了,应寻找原因。家长要帮助孩子分析成绩不理想的原因,找出是学习态度问题、学习方法问题、学习习惯问题还是学习能力问题,并和孩子一起寻找改进的方法和今后应采取的措施。关注成绩背后蕴含的趋势,家长就能看到孩子微小却闪光的进步,孩子有了兴趣、信心后,就会越来越乐于学习。

3. 家长要关注成绩背后蕴含的情况

对于学习结果的反馈,家长也要因人而异。有的孩子一直很努力,因对自己的要求过高导致压力过大而发挥失常。对这样的孩子,家长要多鼓励、多疏导来帮助其减压,不妨告诉他:"一次考试失利并不能说明什么,重要的是认真对待学习,努力做到更好。我们可以有很多种方式证明自己是卓越的,考试成绩并不是唯一的标准。"对没有努力和付出过的孩子,家长就要对其提出要求。一味地鼓励而不批评,会放任孩子养成"不良"的学习习惯。父母不能总以朋友的姿态教育孩子,有时还要以家长的姿态管教孩子。

转变教育理念,优化教育行为,让学生成为学习的主人,让班级和家庭能成为支持学生清晰认识自我、主动发展自我的幸福家园,激发学生的生命自觉,引导学生在自我激励、同伴互助和集体浸润下扬长发展,成长为更美好的自己。

后记

本书是第六轮上海市普陀区教育系统干部教师专业发展团队李岩班主任特级教师工作室研究项目"互联网＋时代的班集体建设成果推广应用"的成果,该项目经上海市普陀区教育科学研究工作领导小组评审,被确立为上海市普陀区教育科研 2020 年度成果推广应用课题,立项编号为 ptkyD20011。

本书是对第三期上海市李岩班主任特级教师工作室研究成果"互联网＋时代背景下的班集体建设——班主任工作 16 个怎么办?"的推广应用和再开发。该研究成果聚焦于新时代学生的成长挑战与困惑的深入解析与破解,注重班主任素养的提升,紧扣新时代建班育人的难点和堵点,是班主任在建班育人过程中的持续实践与再创造。本研究成果旨在不断对既有成果进行批判性反思,进而实现科研领域的突破常规与创新思维。无论是前期课题研究还是后期的推广应用,都是建立在实践基础上的不断探索与专业合作,及时提炼输出成果,并持续进行反思,以期不断优化和完善。

本书能顺利出版,衷心感谢上海市普陀区"763"人才攀升计划和同济大学第二附属中学校长室的大力支持与指导,诚挚感谢上海市中小学德育研究协会副会长、德育特级教师陈镇虎老师,上海市普陀区教育学院德育室主任、特级教师、正高级教师王萍老师,上海市徐汇区教育学院正高级教师张鲁川老师,上海市松江区特级教师、正高级教师王卫明老师的关心与指导,由衷感谢李岩班主任特级教师工作室团队成员龙骋华、孙丽凤、陈雪琴等的全力支持,也非常感谢成果应用单位上海市晋元高级中学附属学校南校基层班主任和学校德育领导给予的支持。

本书共分八个主题,每个主题由理论概述和实践探索两部分组成。理论概述部分聚焦概念明晰和原则梳理,重点讨论新时代建班育人八大任务的具体内容和实施原则;实践探索部分坚持以问题与需求为导向,围绕建班育人八大任务进行实践和反思。本书呈现的 30 多个"怎么办",运用【现象扫描】【归因分析】

【实践探索】的体例,对新时代建班育人过程中的难点问题给出清楚的解析,不仅呈现理论思考,还提供个案的操作实践,有利于广大班主任透过问题看本质,依据个性找共性,为建班育人的思考与应用提供支持。

　　本书是班主任的智慧之花,更是对新时代建班育人的实践经验与问题的深入思考与探索。

李　岩

2024 年 4 月